ALESSANDRO BANDINELLI
&
VALENTINA ZAGGIA

COMUNICARE
CON IL VIDEO

Idea, Ripresa, Montaggio.

Realizza i Tuoi Prodotti Audiovisivi,

dal Reportage al Video Curriculum

Titolo

"COMUNICARE CON IL VIDEO"

Autore

Alessandro Bandinelli & Valentina Zaggia

Editore

Bruno Editore

Sito internet

www.brunoeditore.net

Sommario

Introduzione

Quante volte, sprofondato nella poltrona di un cinema, hai dimenticato per due ore la tua vita di tutti i giorni e hai partecipato con emozione alle vicende dei protagonisti? Le immagini evocano da sempre in noi il fascino del sogno a occhi aperti, ma la loro magia non è frutto del caso. Ti sarai chiesto come mai spesso, di fronte a un video "fatto in casa", non provi la stessa sensazione di vivere sulla tua pelle quello che accade al di là dello schermo.

Questo piccolo manuale non ha certo la pretesa di esaurire tutte le questioni che si devono affrontare per giungere alla costruzione di film, ma vuole essere una guida molto semplice e intuitiva per quanti abbiano desiderato, almeno una volta, alzarsi dalla poltrona di semplici spettatori e provare a passare dalla parte di chi crea. Vedremo come, con pochi accorgimenti, anche un semplice filmino delle vacanze, un video curriculum, un video promozionale o la documentazione di un evento possa da subito apparire "professionale".

Potrai, se ti farai coinvolgere dal gioco, anche decidere di girare un cortometraggio; le applicazioni delle tecniche per creare un video, una volta apprese, sono davvero illimitate, l'unico limite è davvero la tua fantasia!

Oggi il digitale ci mette a disposizione, persino su un telefono, tecnologie che solo dieci anni fa era impossibile fare entrare in un'automobile. Con il cellulare possiamo filmare un video e in pochi minuti la nostra opera può essere messa online e raggiungere chiunque, fruibile da milioni di potenziali spettatori. E sempre più spesso è all'iniziativa individuale che il mercato cinematografico guarda con interesse. Molti video che nascono quasi per gioco fanno il giro del mondo, alcuni ottengono finanziamenti e diventano veri e propri film. Solo per citare uno dei tanti esempi, il regista coreano Park Chan-wook autore del famoso film *Old Boy*, ha presentato all'ultimo Festival di Berlino un film horror girato interamente con un telefonino.

Tuttavia non basta avere la tecnologia giusta. Questi nuovi strumenti semiprofessionali per il consumatore – *consumer electronics* – se da un lato ci permettono tecnicamente di ottenere risultati molto simili a un prodotto professionale, non compensano, dall'altro, la mancanza di *know-how*. Senza la giusta competenza, infatti, se ci mettessimo a girare un video, risulterebbe difficile non dare l'idea estetica di un prodotto "casalingo". Il video è come una lingua di cui non basta comprendere il significato, occorre saperla leggere e scrivere.

Ecco, questo manuale vuole essere un'introduzione pratica all'alfabeto di quel linguaggio audiovisivo in cui siamo immersi quotidianamente come spettatori e che sempre più spesso ci vuole protagonisti e autori consapevoli.

Buona lettura!

CAPITOLO 1:

Come trovare il filo giusto nel labirinto delle idee

«Tutti coloro che scrivono sono un po' matti.

Il punto è rendere interessante questa follia».

François Truffaut

Quante volte ti è capitato di voler catturare qualcosa che, nella realtà, ti sembrava unico e irripetibile, di rivedere poi quello che hai filmato e di non ritrovare la stessa atmosfera, la stessa emozione che hai provato mentre avveniva? Non basta infatti riprendere ciò che vediamo per conseguire buoni risultati, dobbiamo mettere in atto una serie di strategie per ottenere la stessa emozione e trasmetterla agli altri.

Così come la realtà non è oggettiva e ognuno ha il proprio modo di vederla, la realtà filmata sarà l'espressione diretta del punto di vista dell'autore. Una stessa scena, ripresa da dieci persone diverse sarà ogni volta differente poiché ognuno deciderà dove posizionarsi con la videocamera, chi o cosa mettere a fuoco e così via. Questa è la grande potenzialità del mezzo video, che ci offre un'inesauribile gamma di possibilità per poterci esprimere, sia che ne vogliamo fare uno strumento artistico, sia promozionale, sia che diventi per noi un semplice mezzo di svago.

Se da una parte abbiamo un'incredibile possibilità di scelta, dall'altra non tutte le opzioni daranno un risultato soddisfacente. Il compito più importante per chi vuole fare un video che colpisca è infatti quello di operare scelte coerenti in modo da restituire attraverso la realtà filmata quell'atmosfera e quel sapore che abbiamo vissuto precedentemente e che vogliamo restituire attraverso il video.

La realtà filmata non è dunque oggettiva ma ciascuno ha la propria, per questo è importante arrivare consapevolmente alla fase di ripresa. Essere consapevoli significa saper parlare una lingua nuova, un idioma che si avvale di due sensi: l'audio e il video, e che utilizza altri linguaggi come la parola, la scrittura e la musica, rielaborandoli in quello che definiamo come **linguaggio audiovisivo**. Questo sistema di segni agisce su di noi a vari livelli: in modo conscio, ma anche e soprattutto in modo inconscio (molte volte avrai sentito parlare di subliminale) e arriva a trasmettere il suo messaggio con grande forza. Il primo passo per imparare a usare questo codice è capire che situazione abbiamo di fronte e che cosa vogliamo comunicare.

Ora ci occuperemo dell'**idea**, che è la prima vera differenza tra chi improvvisa un filmato e chi invece ne fa uno strumento di comunicazione. Vedremo quali sono le possibilità di approccio al video a seconda che ci si trovi di fronte a un soggetto documentario – ciò che succede nella realtà (un viaggio, un evento ecc.) – o che si voglia creare un prodotto (un video curriculum, un video promozionale, un cortometraggio). Successivamente, nei capitoli due e tre, acquisirai le tecniche specifiche per girare e montare il tuo video.

Prima di iniziare

Cominciamo a fare una distinzione che ci sarà utile in tutta questa guida. Un'idea può essere di due tipi: **narrativa** se l'intenzione è quella di raccontare una storia, **non narrativa** se non lo è (vedremo poi le sue finalità).

Per chiarire il concetto ecco un esempio di spot narrativo: http://tiny.cc/rlixx, e uno di spot non narrativo: http://tiny.cc/g6i7x.

Spiegheremo cos'è una storia, come si riconosce e come si costruisce nel prossimo paragrafo, intanto limitiamoci a fare questa distinzione per sottolineare che anche un'idea non narrativa – dove quindi non c'è una storia da inventare – va comunque trovata e pianificata e non si ottiene automaticamente premendo il tasto Rec della videocamera. In questi due esempi abbiamo fatto il caso degli spot pubblicitari, ma l'idea può riguardare un documentario, un film, un video musicale ecc.

SEGRETO n. 1: prima di iniziare a filmare, il primo passo è individuare con precisione l'idea da cui partire e capire se è narrativa o non narrativa.

Il video non narrativo

Ideare un video non narrativo significa organizzare le riprese intorno al messaggio che desideri comunicare.

La tua necessità può essere, ad esempio:

- far conoscere un prodotto o un'azienda (video promozionale);

- far conoscere il tuo curriculum per farti assumere (video curriculum);

- descrivere il tuo viaggio (video documentario).

Il passo successivo sarà dunque fornire le risposte a queste domande:

- produci questo prodotto a mano, con i migliori materiali, i tuoi clienti sono professionisti che cercano la qualità ecc.;

- sei nato a..., ti sei diplomato in..., hai lavorato per..., vorresti poter lavorare per la Ditta X perché...;

- descrivi un luogo, i suoi abitanti, le sue tradizioni, la sua cultura ecc.

Il video promozionale non narrativo

Immaginiamo tu voglia creare un breve spot di un'azienda da mettere online per illustrare in pochi minuti la sua attività. Il tuo messaggio dovrà contenere risposte a domande del tipo:

- Cosa produce l'azienda?

- A chi si rivolge il prodotto?

- Perché dovrei comprarlo e perché proprio da questa azienda?

Il passo successivo sarà dunque fornire le risposte:

- produce un determinato bene di consumo;
- i clienti sono professionisti, casalinghe ecc.;
- è un essenziale strumento di lavoro, ha un prezzo migliore oppure una migliore qualità ecc.

Trovate le risposte, occorre ricercare le parole giuste nel linguaggio appropriato, quello audiovisivo appunto, per veicolare opportunamente il tuo messaggio. In pratica devi cominciare a capire cosa devi riprendere:

- la cosa importante è il prodotto in sé quindi va fatto vedere;
- è importante anche come viene realizzato quindi sarà importante mostrare alcuni dei procedimenti di fabbricazione;
- è anche fondamentale sapere chi lo realizza, quindi dovrai dedicare una parte del video alle persone che creano concretamente il prodotto.

Questo è già un primo schema possibile. Ci sarà forse anche bisogno di qualcuno che illustri il prodotto e per fare ciò ci sono diverse possibilità: nel caso abbia grandi doti comunicative, a spiegarlo potrà essere il proprietario dell'azienda con una piccola intervista, oppure potrai registrare una voce narrante, che dovrà essere simpatica, accattivante, convincente. A questo punto dovrai pensare alle parole giuste e alle cose essenziali da dire.

Hai dunque deciso che nel tuo video si vedrà un prodotto, un'intervista che lo illustri, i passaggi di fabbricazione e l'utilizzo. Avrai quindi:

- immagini del prodotto;
- immagini della fabbricazione;
- immagini dell'utilizzo;
- video intervista.

Un modo utilissimo di organizzare il tuo video è quello di disegnare uno **storyboard**, una sorta di fumetto in cui, nei diversi riquadri che si susseguono, va illustrata la sequenza delle scene che comporranno il tuo filmato. Ad esempio, disegnerai una fabbrica, il volto del capo dell'azienda da intervistare, uomini nella fabbrica, un dettaglio delle mani che lavorano il prodotto, fotografie del passato, un uomo che racconta il passato, il prodotto nei diversi procedimenti, altri volti di persone intervistate, immagini evocative del prodotto nel suo utilizzo finale. Inoltre, sotto ciascun riquadro potrai inserire indicazioni di vario tipo, se immagini una musica di sottofondo, ad esempio, o una voce narrante, così come ogni indicazione che può tornarti utile. Eccone un esempio:

INQUADRATURA N°	INQUADRATURA N°	INQUADRATURA N°
MUSICA VOICE OVER	MUSICA VOICE OVER	MUSICA VOICE OVER
INQUADRATURA N°	INQUADRATURA N°	INQUADRATURA N°
MUSICA VOICE OVER	MUSICA VOICE OVER	MUSICA VOICE OVER
INQUADRATURA N°	INQUADRATURA N°	INQUADRATURA N°
MUSICA VOICE OVER	MUSICA VOICE OVER	MUSICA VOICE OVER
INQUADRATURA N°	INQUADRATURA N°	INQUADRATURA N°
MUSICA VOICE OVER	MUSICA VOICE OVER	MUSICA VOICE OVER
INQUADRATURA N°	INQUADRATURA N°	INQUADRATURA N°
MUSICA VOICE OVER	MUSICA VOICE OVER	MUSICA VOICE OVER

Guarda ora, per trarne ispirazione, un video aziendale realizzato in modo professionale: http://tiny.cc/0n3de.

Il video curriculum originale
Il video curriculum è uno strumento di autopromozione originale ed efficace a patto che non sia noioso e ti presenti nel migliore dei modi.

Recita il tuo curriculum davanti alla videocamera tre o quattro volte effettuando le riprese con inquadrature differenti (primo piano, piano americano, mezza figura e figura intera – vedremo in seguito nel dettaglio come realizzarle). Posiziona la camera in punti diversi della stanza per dare ancora più movimento al tuo video. In fase di montaggio potrai assemblare le varie immagini e scegliere sempre le parti migliori. Ricorda che il tuo viso deve risultare sempre ben illuminato: la luce deve essere davanti e non alle spalle.

La tua voce deve essere chiara e uniforme. Per questo è fondamentale venga registrata su un supporto a parte (una seconda videocamera fissa da cui prendere solo il suono potrebbe essere la soluzione ideale). Se registrerai il suono con la stessa videocamera usata per le riprese, quando monterai insieme le diverse inquadrature anche il sonoro risulterà diverso (a volte più vicino, altre più lontano) rompendo l'illusione della continuità.

Ecco ora quattro semplici suggerimenti per trasformare il tuo video curriculum in qualcosa di più di un semplice filmato in cui, seduto a una scrivania, racconti le tue esperienze lavorative passate come davanti a una commissione d'esame:

1. introduci foto/video di repertorio (ad esempio del giorno del diploma, della laurea ecc.);
2. crea con le immagini associazioni creative con quello che dici;
3. utilizza scritte in sovraimpressione per aiutare a fissare ciò che esponi;
4. intervista qualcuno che parli delle tue qualità.

Tutto il materiale raccolto andrà poi montato alternandolo con la tua autointervista e una musica che ti rappresenta.

SEGRETO n. 2: un video non narrativo si costruisce attorno al messaggio che si vuole comunicare e alle domande chiave che è necessario porsi per renderlo chiaro ed efficace.

Ecco infine alcuni esempi di curricula creativi da cui prendere qualche spunto:

- http://tiny.cc/vppjl;
- http://tiny.cc/xod0q;
- http://tiny.cc/er3og.

Documentare un evento

Se devi riprendere un evento, dovrai costruire il tuo video intorno a un momento principale, un centro (l'intervento più atteso nel caso di una convention, il "sì" degli sposi, lo spegnimento delle candeline) raccontando anche un prima e un dopo. Dovrai quindi dividere le fasi di ripresa assicurandoti di avere materiale video per tutti i momenti: i preparativi, l'attesa, l'arrivo, la descrizione dei protagonisti, lo svolgimento e i saluti.

Un evento è qualcosa che si svolge sotto i nostri occhi, ma non dobbiamo avere paura che ci sfugga. Una volta che abbiamo ripreso i momenti salienti, non serve continuare a seguire i protagonisti dilungandoci in ore di riprese noiosissime in cui non accade nulla, dobbiamo invece concentrarci a descrivere il contesto.

Sarà necessario che tu ti procuri un buon numero di **piani di ascolto** e immagini di copertura. I primi sono immagini che si alterneranno in fase di montaggio all'evento principale. Ad esempio durante una convention riprenderai non solo chi parla, ma anche i volti di chi ascolta, in un matrimonio o in un compleanno non dovrai dimenticare gli invitati. Una madre che piange al matrimonio della figlia sarà un'immagine da non perdere, così come l'applauso di una figura eminente durante un discorso pubblico. Certo senza lasciarti scappare i tuoi protagonisti proprio nel momento cruciale!

Sarà importante avere anche **immagini di copertura,** cioè riprese efficaci ed esteticamente belle da intervallare all'avvenimento principale in modo da avere sempre quel movimento e quel respiro necessari a descrivere l'evento senza correre il rischio di soffocarlo con una presenza schiacciante del protagonista. Se una convention si svolge in una sala dei congressi con degli affreschi, un'architettura interessante, un bel giardino interno, non ti dimenticare di dedicare qualche ripresa anche a questi particolari. Arrivando prima dell'inizio dell'evento ti assicurerai di avere il tempo necessario a procurarti anche queste immagini.

Documentare un viaggio

La finalità di un reportage di viaggio è quella di descrivere un luogo in modo da riportarne un ricordo indelebile per noi che ci siamo stati, ma anche di farne una piccola esperienza per chi non era con noi.

Si può articolare per argomenti: il paesaggio, la gente, la cultura, oppure come un diario, diviso per giorni, in cui non mancherà un arrivo e una partenza. La sua struttura, in questo caso, può assomigliare molto a quella di una storia in cui il personaggio parte con determinate convinzioni e, attraverso l'esperienza, torna cambiato. Sono molti, infatti, i film che si sviluppano all'interno di un viaggio, questo perché un'avventura *on the road* è destinata sempre a cambiarci un po'.

Ogni sera potrai scrivere sul tuo diario di viaggio le tue emozioni e i tuoi pensieri che, in fase di montaggio, registrerai con la tua voce e aggiungerai alle immagini. Puoi scrivere la voce narrante anche successivamente, ma il tuo ricordo non sarà presente ed emozionante come durante il vivido scorrere degli avvenimenti.

Per quel che concerne la parte descrittiva, raccoglierai immagini di: paesaggi mozzafiato, cultura (tradizioni, cucina, monumenti, manifestazioni) e gente (mestieri, volti, rapporti). Potrai anche intervistare le persone che conoscerai lungo il tuo percorso per portare a casa un ricordo molto significativo del viaggio. Sarà anche utile che ti procuri sul luogo alcuni cd di musica locale che userai poi come colonna sonora per il montaggio.

Il racconto per immagini

Un'altra differenza tra chi non conosce il mezzo video e chi lo sa usare sta nel fatto che il primo produce video solo per se stesso, mentre il secondo riesce a rendere quanto più partecipe possibile lo spettatore dell'emozione che vuole raccontare. Entriamo ora nel campo della narrazione, che rappresenta spesso un efficace mezzo per arrivare al cuore dello spettatore.

L'immagine di per sé possiede il potere di suscitare emozioni attraverso un meccanismo di evocazione. Questa può essere: diretta (vedo mia madre da giovane che mi tiene in braccio e mi ricordo di quand'ero bambino), oppure indiretta (vedo una madre con il suo bambino e mi immedesimo perché mi ricorda mia madre quando mi teneva in braccio). Questo è il cosiddetto **processo di immedesimazione.**

In un film accade infatti che, anche se non abbiamo mai fatto una caccia al ladro, combattuto una guerra, né siamo mai stati inseguiti da un alieno, riusciamo comunque a immedesimarci nei protagonisti delle storie. È la vicenda che, caricandosi lo spettatore sulle spalle, lo trasporta all'interno di un'esperienza visuale e riesce a fargli vivere le emozioni. Le storie, unite a questa caratteristica del video di evocare ricordi e suscitare l'immedesimazione dello spettatore, fanno del racconto per immagini quella potente macchina dei sogni che ci permette di vivere esperienze che in realtà non abbiamo mai vissuto.

Compreso il significato di questa possibilità, nulla ci vieta di utilizzare un racconto per immagini per far conoscere un nostro prodotto, la nostra attività (ricordi lo spot narrativo?), o un evento.

Che cos'è una storia?

Vediamo ora nello specifico che cos'è una storia e come si struttura. Se provassi a esporre la tua giornata dalla mattina alla sera, probabilmente non avresti la sensazione di raccontare una storia, a meno che non ti sia successo qualcosa di particolare. Cosa deve accadere quindi durante la giornata per cui, quando incontri qualcuno, tu possa dirgli: «Non sai che storia mi è successa oggi!»?

Andreé Gardies, studioso di narratologia, in *L'espace au cinéma* (Klincksieck, Parigi, 1993) scrive che, per riconoscere una storia come tale, questa deve comprendere almeno tre fasi e propone il seguente schema minimo: una situazione di equilibrio, un evento che rompe questo equilibrio e una situazione di riequilibrio. Facciamo un esempio semplicissimo:
1. Gino mangia una pesca;
2. Pino gliela ruba;

3. attraverso una serie di avventure Gino ottiene di nuovo la sua pesca.

Certo detta così la storia non è molto interessante... e pensare invece che questo semplice schema è il meccanismo di tantissimi grandi film! Pensa ad esempio a un grande classico come *Lo squalo* di Steven Spielberg:

1. Nella tranquilla Amity è iniziata la stagione balneare, le spiagge si affollano di turisti e le autorità sono soddisfatte.

2. Un giorno un ragazzino che si allontana dalla riva per provare la sua nuova tavola da surf viene attaccato e ucciso da uno squalo bianco gigantesco sotto gli occhi impotenti della madre. Da questo momento l'ordine della piccola cittadina è sconvolto.

3. Il coraggioso sceriffo Martin Brody e un giovane biologo marino, dopo un'emozionante caccia, avranno la meglio sul terribile squalo e riusciranno a riportare la tranquillità sull'isola.

SEGRETO n. 3: la struttura minima di una storia classica è costituita da tre momenti: equilibrio, un evento che rompe l'equilibrio e un'azione che riporta l'equilibrio.

Naturalmente questa struttura non è l'unica che si può seguire per costruire una storia. Pensiamo agli impianti drammaturgici multilineari di alcune serie tv, o di film come *Pulp Fiction*, *Magnolia*, *Amores Perros*: in questi casi seguiamo le vicende di più personaggi che si intrecciano e creano trame più complesse. Diciamo che, per cominciare, più utilizziamo schemi semplici più avremo modo di sperimentare e di arricchire la nostra storia di partenza.

Come tradurre quindi queste tre fasi del racconto nel linguaggio video? Cosa dovrò riprendere per rappresentare le tre fasi di cui abbiamo parlato (equilibrio, rottura, ripristino dell'equilibrio)? Potremmo dire che la composizione di una storia si traduce in tre momenti:

1. presentazione dei personaggi, dell'universo e del problema;
2. manifestazione del problema e risoluzione;
3. epilogo.

Facciamo un altro esempio di cinema classico degli anni '80 come *Ritorno al futuro* di Robert Zemeckis. Nel primo atto conosciamo Marty MacFly, la sua famiglia, i suoi amici, il posto in cui vive e veniamo a conoscenza del suo principale problema: suo padre è un perdente e il ragazzo vede con rabbia avvicinarsi per lui lo stesso destino.

Nel secondo atto accade che il suo amico Doc, uno scienziato pazzo, gli mostra la sua ultima invenzione: un apparecchio che può proiettarsi indietro nel tempo. Una serie di imprevisti portano Marty a bordo della macchina (che inaspettatamente funziona davvero!), scaraventandolo nel 1955. Terzo e ultimo atto: Marty, dopo una serie di avventure, riesce a tornare a casa nel 1985, non prima di aver aggiustato le cose e cambiato il suo destino, modificando quello dei suoi genitori. Anche se ti sembrerà che nella storia ci siano tantissimi elementi in più oltre a quelli che abbiamo isolato, solo alcuni sono portanti della storia, quelli su cui poggia tutta la struttura del film. Esattamente come in una casa che è fatta di tantissimi elementi, solo i muri portanti reggono il tetto.

Hai presente quando stai guardando un film con un amico e questo si alza, torna dopo un po' e ti chiede che cosa è successo? A volte rispondi «niente», eppure il film è andato avanti! Il fatto è che non si è arrivati a nulla di decisivo per la trama, non è intervenuto alcun cambiamento di direzione all'interno della narrazione, non siamo cioè stati spettatori di un **punto di svolta**. In un film ci sono moltissimi punti di svolta ma alcuni sono più importanti di altri e alcuni sono fondamentali, come nel caso dell'**evento scatenante** che dà il via alla nostra storia.

Anche tu puoi fare un cortometraggio o un video pubblicitario seguendo questo schema, non importa infatti che sia un film lungo o un breve racconto visuale, lo schema è lo stesso. Tra poco vedremo un esempio pratico di come applicare queste regole a una piccola storia, ma soffermiamoci ancora un attimo su alcuni meccanismi che ci aiutano ad approfondire il concetto di storia.

Suspense e sorpresa

Il mezzo video ti permette anche, nelle sue molteplici possibilità, di giocare con la consapevolezza che vuoi dare allo spettatore rispetto alla storia che stai raccontando.

Nel film *The Blair Witch Project* i protagonisti sono alcuni ragazzi che si perdono in un bosco, si imbattono in una presenza misteriosa e inquietante e con una piccola videocamera decidono di filmare tutto ciò che accade. All'inizio del film siamo informati che ciò che vedremo sono una serie di nastri ritrovati dalla polizia dopo la scomparsa dei ragazzi. Noi spettatori vediamo quindi esclusivamente attraverso l'obiettivo della loro videocamera e viviamo le stesse ansie e paure dei protagonisti senza riuscire a vedere o sapere mai nulla di più di quello che loro stessi sanno. In questo caso il punto di vista dello spettatore coincide perfettamente con quello dei protagonisti. Questa tecnica crea molta suspense pur non mostrando, spesso, mai nulla di oggettivamente spaventoso.

Questo rapporto tra spettatore e protagonista si chiama **focalizzazione** e può essere di tre tipi:

1. lo spettatore ne sa più del personaggio;
2. lo spettatore ne sa quanto il personaggio;
3. lo spettatore ne sa meno del personaggio.

In genere si ha **suspense** quando lo spettatore è a conoscenza di più elementi rispetto ai personaggi, se invece questi ultimi ne sanno di più dello spettatore, avremo un **effetto sorpresa**. Hitchcock spiegava così questa differenza: «Due uomini parlano a un tavolo, uno dei due ha una valigetta alla quale non farò quasi caso, finché questa non esploderà. Allora avrò un effetto sorpresa, poiché non mi aspettavo certo che nella valigetta ci fosse una bomba. Se invece lo so, mi aspetterò da un momento all'altro che questa esploda e dunque il dialogo tra i personaggi si caricherà di suspense».

L'idea per una storia

A volte basta un'idea brillante per produrre un video o un cortometraggio da mostrare agli amici o condividere (e chissà, mandare a qualche festival!), per produrre un video curriculum originale o un video promozionale che colpisca. Nei prossimi paragrafi troverai le tecniche e i consigli per scrivere una storia che poi potrai filmare e montare come ti spiegheremo più avanti.

La storia per un cortometraggio può essere suggerita da molti elementi: un'esperienza personale, un articolo di giornale, una vicenda sentita o anche costruita a tavolino. In quest'ultimo caso si parte da un'idea o da un'immagine per costruire una storia che non esiste ancora.

Mettiamo tu voglia raccontare la storia di un amore. «L'amore», replicava il famoso regista Truffaut a chi lo criticava di non produrre cinema impegnato, «è l'unico soggetto che valga la pena di essere raccontato».

Cominciamo dunque con il fissare i personaggi: sicuramente ci saranno due amanti, o un amante (protagonista) e l'oggetto del desiderio. Avremo dei personaggi che aiuteranno il nostro eroe nell'impresa, così come ci saranno dei personaggi antagonisti che non vogliono che il nostro protagonista riesca a ottenere ciò che desidera. Poi ci sarà un ambiente: la scuola, il luogo della vacanza, il quartiere. Avremo un movente: un ragazzino si innamora di una ragazzina e deve riuscire a dichiararle il suo amore.

Poi possiamo complicare la faccenda e riformulare la storia così: un ragazzino timido deve riuscire a dichiarare il suo amore alla fidanzata del capo di un gruppo di bulli prima che la vacanza finisca, altrimenti se ne pentirà per tutta la vita. Quindi sappiamo già molte cose: abbiamo un protagonista, un ambiente, una missione che il nostro protagonista deve portare a termine, dei nemici, degli amici. Possiamo anche non sapere per il momento come andrà a finire, lo possiamo decidere nel corso della nostra scrittura.

Allora cominciamo: diciamo che il nostro ragazzino timido un giorno conosce una ragazzina (evento scatenante) di cui si invaghisce e che presto scoprirà essere la fidanzata del bullo del posto (punto di svolta). Un giorno il protagonista rivela incautamente il nome della ragazzina di cui si è innamorato (punto di svolta) e il bullo, venutolo a sapere, entra in aperto conflitto con lui. La ragazzina, a cui le compagne di classe hanno raccontato la vicenda, fa sapere di nutrire interesse e curiosità per quel ragazzo (punto di svolta) che ha sfidato la nota aggressività del suo ragazzo per stare insieme a lei. Nonostante il ragazzino timido abbia l'occasione di mettersi in buona luce con la ragazza dei suoi sogni è frenato dalle sue paure perché è certo che così facendo il bullo lo picchierà.

Alla fine, nonostante tutto, decide di sfidare il gradasso (punto di svolta) e, pur finendo malconcio, riesce a dimostrare che i suoi sentimenti per la ragazzina sono più forti delle sue paure. Colpo di scena: la ragazzina ha scherzato, non aveva alcun interesse per lui (punto di svolta). Il ragazzo ci resta male, ma è una delusione che non è destinata a lasciare segni: ha sconfitto la propria timidezza dimostrando a se stesso il suo valore.

Questo è un piccolo esempio di come inventare una storia a partire da pochi elementi essenziali. Un ragazzo timido si lancia coraggiosamente in una sfida che, pur vedendolo uscire sconfitto, riuscirà a liberarlo dalla sua timidezza. Ecco che abbiamo trovato un finale che nemmeno noi ci aspettavamo quando abbiamo iniziato a inventare, il racconto è diventato qualcosa di più specifico che una vaga storia d'amore. Abbiamo raccontato quello che in drammaturgia si chiama **rito di passaggio**, ossia un'azione che determina il movimento del protagonista da una condizione inferiore a una superiore, cioè lo pone di fronte a un'evoluzione.

Questo che abbiamo appena raccontato può essere definito un **soggetto**. Ossia un racconto a grandi linee in cui però sono in evidenza tutti gli elementi fondamentali della nostra storia. Per verificarlo ti sarà utile scrivere una **scaletta** degli elementi per vedere a colpo d'occhio se la storia "fila" oppure no. La scaletta non è altro che la suddivisione del soggetto in punti di svolta e può essere un'occasione per arricchirlo e migliorarlo:

1. il protagonista arriva nella casa delle vacanze con i suoi genitori;
2. ritrova gli amici dell'anno prima;
3. quello stesso pomeriggio viene aggredito dal bullo del paese;
4. la sera incontra la ragazza dei suoi sogni che è la fidanzata del bullo;
5. ecc.

Tieni in considerazione che, in generale, più la storia che vuoi raccontare è lunga e complessa e più avrai bisogno di inserire punti di svolta. Ricorda sempre che il linguaggio video parla per immagini, azioni e scene e non per spiegazioni: è sempre meglio quindi inserire una scena che un dialogo che spieghi un punto di svolta. I cosiddetti "spiegoni" (i dialoghi con la funzione di risolvere i punti di svolta), sono spesso noiosi e appesantiscono il video.

SEGRETO n. 4: per costruire una storia è necessario individuare tutte le azioni importanti, i cosiddetti punti di svolta, servendosi di uno strumento fondamentale: la scaletta.

Il passaggio successivo è quello della **sceneggiatura** vera e propria. Nella sceneggiatura la forma della scrittura cambia: non basta più narrare la vicenda in forma di racconto, ma occorre dividere la storia per scene, dalla prima all'ultima.

Una **scena** è un pezzetto di film. Si definisce tale un'azione di senso compiuto che si sviluppa in un ben determinato spazio-tempo. Una sceneggiatura è un insieme di scene legate tra loro da una relazione di causa-effetto.

In una sceneggiatura, all'inizio di ogni scena deve essere presente un'intestazione che definisce il numero della scena, il tempo e il luogo. Di solito segue una didascalia, cioè una descrizione dell'azione, dell'ambiente e di tutto ciò che accade. Inoltre la sceneggiatura accoglie i dialoghi dei personaggi e i suoni. Ecco un esempio di formattazione corretta che puoi ottenere usando un programma dedicato come il gratuito Celtx:

SCENA 2 . INTERNO/GIORNO – APPARTAMENTO DI MARIO

Mario entra in camera sua e si butta sbuffando sul
letto con un'aria sconsolata.

           MADRE
             (voce fuori campo)
       Mario scendi, è pronta la
       cena!

           MARIO
       No grazie, stasera non ho
       fame.

Nella sceneggiatura hanno spazio le azioni e i dialoghi. Al contrario della forma racconto, non vengono riportati i pensieri dei personaggi, a meno che non siano i personaggi stessi a esprimerli sotto forma di **voice off** (è la voce di un personaggio non inquadrato, oppure, come in questo caso, può esprimere i suoi pensieri). Non servirà quindi a nulla scrivere nella didascalia "Mario entra in camera sua e si butta sconsolato sul letto pensando alla sfida del giorno dopo". Se abbiamo raccontato bene tutte le vicissitudini di Mario, sarà lo spettatore stesso a capire perché il protagonista è sconsolato. In questo caso lo spettatore sarà piacevolmente coinvolto nella storia e avremo fatto un buon lavoro. In sceneggiatura una cosa fondamentale cui occorre prestare attenzione è di non saltare i passaggi che avevamo identificato con la scaletta.

Se ad esempio voglio raccontare che Tommy è stato sgridato dalla mamma perché ha preso l'ennesimo brutto voto a scuola, potrò dividere le scene in questo modo:

- a casa di Tommy è arrivata la pagella: la madre gli dice che se prende ancora un brutto voto si arrabbierà moltissimo;
- Tommy è in camera sua, il suo libro è aperto sulla scrivania ma il ragazzo è intento a giocare alla Playstation;
- la madre di Tommy torna a casa dopo un colloquio con i professori e sgrida il figlio severamente.

Non c'è stato bisogno di mostrare l'interrogazione andata male, lo abbiamo dedotto dal vedere Tommy che non studiava e ne abbiamo visto le conseguenze (la sgridata). Se invece di omettere la scena dell'interrogazione avessi saltato la scena in cui la madre sgrida il ragazzo per aver preso un brutto voto a scuola, non avremmo capito nulla. Saltare un passaggio fondamentale vanifica lo sforzo di un'intera porzione di racconto, al contrario, sottintendere un passaggio che è scontato rende più scorrevole e avvincente la narrazione. Quindi attenzione ai passaggi poco chiari, ma anche alle ripetizioni!

Come vedi, per raccontare la stessa storia, posso scegliere tanti modi diversi, una sequenza di scene oppure un'altra, posso decidere di far vedere alcune cose e nasconderne delle altre, l'importante è che alla fine il racconto risulti chiaro.

Come abbiamo visto in precedenza, a volte nascondere alcune informazioni serve a creare l'effetto sorpresa. Se, ad esempio, invece di mostrare Tommy in camera sua seguo la madre che prepara la cena e non so che Tommy invece di studiare gioca alla Playstation, quando Tommy fallirà l'interrogazione, sarò stupito quanto la madre. Allo stesso modo sottraendo informazioni posso creare suspense: se so che Tommy non ha aperto libro, quando lo vedrò in classe spererò insieme a lui che non venga interrogato perché so che non è preparato.

Questo dosaggio delle informazioni, che è uno degli elementi fondamentali della scrittura di un prodotto video, è strettamente collegato al discorso sulla consapevolezza dello spettatore che abbiamo affrontato in precedenza. Quindi:

- se il narratore ci porta in camera di Tommy ne sappiamo *più* della madre;

- se a scuola il narratore non ci fa vedere come sta andando il ricevimento con i professori ne sappiamo *meno* della madre;
- se alla fine il narratore ci porta in casa e ci fa assistere alla sgridata, il nostro livello di conoscenza dei fatti sarà *uguale* a quello della madre.

In questo blocco di scene abbiamo adottato tutti i tipi di focalizzazione possibili rispetto alla madre. È un esempio di come ci siamo serviti della focalizzazione per creare suspense e sorpresa. Mettiamo che tu stia per girare un video musicale, artistico, un piccolo documentario, un video curriculum, o un piccolo film di finzione: cerca di capire cosa ti serve, che scene devi girare perché il messaggio video sia esauriente. Scrivere anticipa l'operazione mentale che farai in ripresa, più sai cosa vuoi e come lo vuoi, più sarà facile che lo otterrai.

SEGRETO n. 5: scrivere prima di filmare ti renderà più sicuro in fase di ripresa.

RIEPILOGO DEL CAPITOLO 1:

- SEGRETO n. 1: prima di iniziare a filmare, il primo passo è individuare con precisione l'idea da cui partire e capire se è narrativa o non narrativa.

- SEGRETO n. 2: un video non narrativo si costruisce attorno al messaggio che si vuole comunicare e alle domande chiave che è necessario porsi per renderlo chiaro ed efficace.

- SEGRETO n. 3: la struttura minima di una storia classica è costituita da tre momenti: equilibrio, un evento che rompe l'equilibrio e un'azione che riporta l'equilibrio.

- SEGRETO n. 4: per costruire una storia è necessario individuare tutte le azioni importanti, i cosiddetti punti di svolta, servendosi di uno strumento fondamentale: la scaletta.

- SEGRETO n. 5: scrivere prima di filmare ti renderà più sicuro in fase di ripresa.

CAPITOLO 2:
Come guardare attraverso l'occhio della videocamera

«Il cinema è un occhio aperto sul mondo».

Joseph Bédier

L'importanza dell'immagine

L'immagine, e in particolar modo l'immagine in movimento, è il sistema di rappresentazione più simile alla realtà che l'uomo abbia inventato. Più della pittura e più della scultura, l'immagine filmata imita la vita meglio di ogni altra forma di rappresentazione, ed è per questo che ci emoziona così tanto. Questo preambolo ci permette di fare subito una prima considerazione: l'immagine in movimento "somiglia" alla realtà ma non è la realtà.

Apparentemente è una considerazione banale, ma ci serve a prendere consapevolezza del fatto che dobbiamo considerare la videocamera come uno strumento di interpretazione della realtà, come fanno il pittore e lo scultore attraverso gli strumenti propri della pittura e della scultura: i pigmenti del colore, le superfici, la creta, il marmo ecc. Il nostro pennello è la videocamera e l'inquadratura la nostra tavolozza dei colori. Definiamo **inquadratura** una porzione di realtà delimitata dalla cornice del quadro che ha una durata ben determinata e che costituisce l'unità minima del discorso filmico. Nei paragrafi successivi vedremo come realizzarla e perché ci conviene fare un'inquadratura di un tipo piuttosto che di un altro.

Attraverso alcune semplici regole imparerai a raccontare con il tuo sguardo. Ognuno di noi vede le cose al proprio modo ed è importante che questo sguardo rimanga impresso sulla pellicola. La prima regola per far sì che ciò avvenga è considerare che il tuo carattere, le tue esperienze, la tua personalità vengono prima dell'obiettivo, e non il contrario.

La messa in scena
Dopo aver ideato il tuo video sei finalmente arrivato al momento della messa in scena. **Messa in scena** significa portare appunto

sul set (il luogo deputato alle riprese) tutti gli elementi che contribuiscono complessivamente a realizzare un pezzetto di filmato. Mentre nel caso della realtà hai già tutto a disposizione, nell'ipotesi di una storia inventata hai bisogno di creare artificialmente la situazione da girare. Quindi, da buon regista, ti dovrai procurare tutti gli elementi necessari per filmare la scena: sceglierai l'ambiente, provvederai a modificarlo, se la storia lo richiede, con eventuali interventi di scenografia, ti procurerai gli attori, il trucco e il costume, le apparecchiature necessarie per la ripresa video e audio, il cavalletto e le luci.

Ci occuperemo di luci più avanti, per ora ci basti sapere che in un set cinematografico professionale il **reparto illuminotecnico** guidato dal **direttore della fotografia**, che si occupa anche della realizzazione tecnica delle riprese, costituisce un elemento fondamentale. È un ruolo molto importante ma anche molto specializzato che richiede disponibilità di mezzi e di solito entra in gioco in situazioni più professionali rispetto a quelle di cui ci intendiamo occupare qui. Per il momento possiamo tranquillamente gestire noi in prima persona le riprese e fare a meno di un'illuminazione troppo elaborata. Basterà, come vedremo più avanti, un pannello di polistirolo per dare un po' di controluce a un primo piano, o un paio di quarze da 800 W per ottenere grandi risultati.

Una volta sistemati tutti gli elementi della messa in scena siamo finalmente pronti a battere il mio primo ciak. Non prima però di esserci fatti un piano delle riprese o *découpage.*

Il *découpage*

Tra le possibilità straordinarie che il mezzo video ci offre, una delle più interessanti è proprio quella di trovarci *dentro* alla scena. Così come a un concerto o a una partita preferiamo i posti migliori, così per quanto riguarda le storie, nel valutare il punto di osservazione, dobbiamo scegliere il posto migliore dove piazzare la videocamera per essere vicini all'emozione. Grazie al *découpage* il video ci dà la possibilità di trovarci nel bel mezzo delle emozioni.

Découpage, che in francese vuole dire ritaglio, consiste sostanzialmente nello scomporre in una serie di inquadrature la stessa scena ripresa più volte ma da angolazioni differenti. Già possiamo intuire come quest'idea sia strettamente legata al montaggio di cui parleremo approfonditamente nel prossimo capitolo, nel montaggio infatti si montano i vari pezzi del nostro **girato** per dare forma alla scena finita. Per il momento però concentriamoci sulla fase di ripresa.

Per girare una scena hai molte possibilità, anzi potremmo dire infinite: potrai, ad esempio, rimanere fermo e premere Rec, oppure entrare nel vivo dell'azione con una camera a mano (senza cavalletto), potrai piazzare l'obiettivo dietro uno dei personaggi oppure spostare di volta in volta il punto di vista a seconda del personaggio che stai seguendo, potrai decidere di riprendere tutto da lontano (campo lungo), oppure da vicino, scegliere un angolo, decidere di spostarlo, filmare come se l'obiettivo fosse lo sguardo di un personaggio (soggettiva), essere il terzo incomodo (oggettiva) e così via. La scelta su dove mettere la videocamera spetta unicamente al regista, che sceglie sempre il punto migliore per catturare l'emozione, il sentimento, il senso di quello che vuole raccontare.

Facciamo un esempio per chiarirti le idee. Mettiamo che tu debba girare una scena tra un uomo e una donna che si svolge a tavola. I protagonisti parlano del più e del meno, poi, a sorpresa, l'uomo chiede la mano della donna.

1. Inizialmente potrai scegliere di piazzare la videocamera in **campo medio** perpendicolarmente rispetto alla linea dello sguardo dei due personaggi che sono seduti l'uno di fronte all'altra, tanto per introdurre la situazione.

2. Il dialogo si fa più intenso e la donna comincia a parlare di sé, potrai quindi spostarti dietro le spalle dell'uomo riprendendola a **mezza figura**.

3. In maniera analoga quando lui riprenderà la parola potrai filmare l'uomo spostandoti alle spalle di lei.

4. Nel momento in cui l'uomo introduce il discorso del matrimonio puoi spostarti sul **primo piano** di lei.

5. Ora puoi scendere ancora più in **primissimo piano** quando lui le chiederà di sposarla, in modo tale da catturare ogni emozione della donna.

6. Mettiamo adesso che la donna sia profondamente contrariata dalla proposta, a questo punto puoi fare un bel **primo piano** dell'uomo per raccontare la sua cocente delusione.

Avrai sei inquadrature della stessa scena. Questo significa che, per poter montare poi insieme i diversi piani, dovrai riprendere tutta la sequenza per sei volte almeno, ammesso che in tutti e sei i casi sia buona la prima, cioè che non sia necessario rifare un nuovo **take** (una nuova ripresa). In questo caso (frequentissimo, in genere si fanno almeno due *take* buoni della stessa scena) una semplice sequenza come questa può impegnarci per una buona parte della giornata.

Ti saresti immaginato quanto lavoro c'è dietro pochi secondi di video? Questa scomposizione per inquadrature non viene usata solo nel cinema ma anche in televisione, pensiamo ai moderni programmi televisivi dove le interviste hanno un grande ritmo. Anche tu puoi usare il *découpage* consapevolmente per dare dinamicità ai tuoi video. Pianifica le inquadrature utilizzando lo strumento dello *storyboard* di cui abbiamo parlato nel primo capitolo.

Successivamente, grazie al montaggio, tutti questi diversi punti di vista verranno riuniti in un'unica sequenza e creeranno quella sensazione tipica del cinema di guardare la scena non più solo da un punto fisso (come a teatro) ma di ritrovarcisi nel mezzo. Nei prossimi paragrafi parleremo delle singole inquadrature e delle loro funzioni specifiche.

Le inquadrature

Ricorda che il tuo obiettivo è quello di comunicare un messaggio, raccontare una storia e trasmettere emozioni attraverso il video. Il tuo primo dovere di narratore sarà quello di **essere chiaro**, dovrai rendere comprensibile la situazione e le informazioni che vuoi trasmettere e rendere partecipe lo spettatore di quanto gli stai trasmettendo senza abusare della sua pazienza. Considera che lo spettatore non sa nulla della storia (del tuo messaggio) a parte quello che tu decidi di mostrargli, devi quindi indossare i suoi panni e, per un momento, dimenticarti delle informazioni di cui sei a conoscenza. Chiarisci bene quali dettagli per te possono essere scontati, quali sono utili e quali altri no. Un altro dovere che hai e di cui devi tenere conto nella pianificazione delle riprese è che, oltre alla storia, devi **trasmettere le emozioni**, per cui non limitarti a far capire come stanno le cose ma scendi nel cuore e nei sentimenti con le tue inquadrature, e lascia andare il tuo sguardo al cuore caldo degli eventi.

SEGRETO n. 6: in fase di ripresa, oltre a trasmettere l'emozione, è necessario, attraverso le immagini, dare allo spettatore che non sa nulla tutte le informazioni per comprendere il messaggio.

Nel film *Senti chi parla* l'idea di regia è quella di farci entrare nei panni di un neonato attraverso il suo sguardo e il suo pensiero. Avremo quindi tutta una serie di riprese, le cosiddette **soggettive**, che ci permetteranno di vedere con gli occhi del bambino i "grandi" stupidi e buffi che fanno versacci davanti all'obiettivo. Gli adulti sono incapaci di udire il pensiero sarcastico del bebè che ha la voce di Paolo Villaggio e il bambino non comprende né viene compreso da loro. Ancora una volta è il pensiero che c'è dietro una scelta a determinare la scelta stessa, e non il contrario.

Nell'esempio precedente abbiamo visto un uomo che si vede rifiutare la sua proposta di matrimonio. La domanda che ti devi fare è: che sentimento voglio raccontare? Su chi dei due punterai il fuoco? Sulla delusione dell'uomo o sull'imbarazzo della donna? Questa è una scelta di regia. Certo, se tu indugiassi sulla delusione dell'uomo mentre la protagonista della storia è la donna, forse commetteresti un errore... non bisognerebbe dare tanta importanza a un personaggio che dopo questa scena scomparirà dal copione.

Abbiamo più volte chiamato in causa la **scala dei piani**, vediamo ora nel dettaglio come è composta.

Campo lungo o lunghissimo

Viene usato per presentare un ambiente, è infatti l'inquadratura che contiene il maggior spazio possibile al suo interno. La figura umana è semplicemente un elemento dell'ambiente: può quindi essere usata drammaturgicamente per richiamare il rapporto tra l'essere umano e il mondo del racconto. Un uomo che attraversa il deserto ripreso da lontano ci comunicherà la portata dell'impresa mettendo in relazione la vastità del deserto con l'insignificante dimensione dell'uomo.

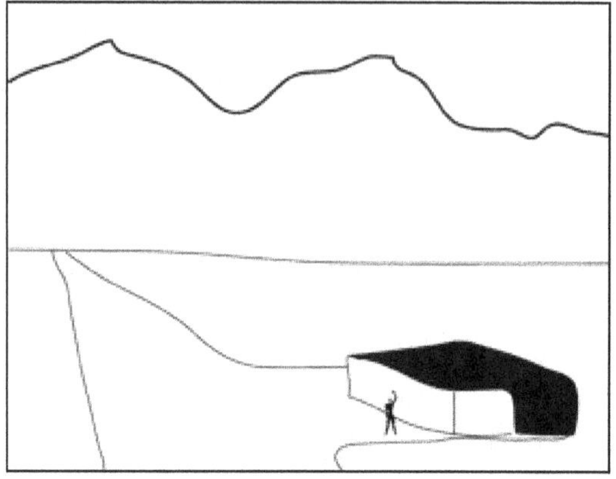

Campo totale

In questo piano è ben rappresentato l'ambiente del racconto e vengono messi in campo tutti i personaggi della storia. Il suo carattere è informativo, ci mette al corrente della situazione più di ogni altra inquadratura.

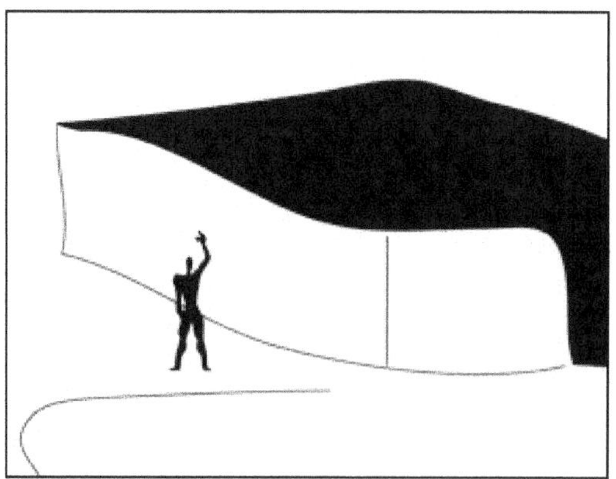

Campo medio

Il campo medio ristabilisce l'equilibrio tra la figura umana e l'ambiente. Qui la figura è circa un terzo o metà della verticale dello schermo, e il quadro somiglia al punto di vista che si ha a teatro. Era l'inquadratura per definizione ai primordi del cinema proprio perché ricreava quella dimensione teatrale a cui gli spettatori dell'epoca erano abituati.

Figura intera

È la prima tra le inquadrature che stabilisce un predominio della figura umana rispetto all'ambiente, questa occupa circa due terzi dell'altezza del quadro.

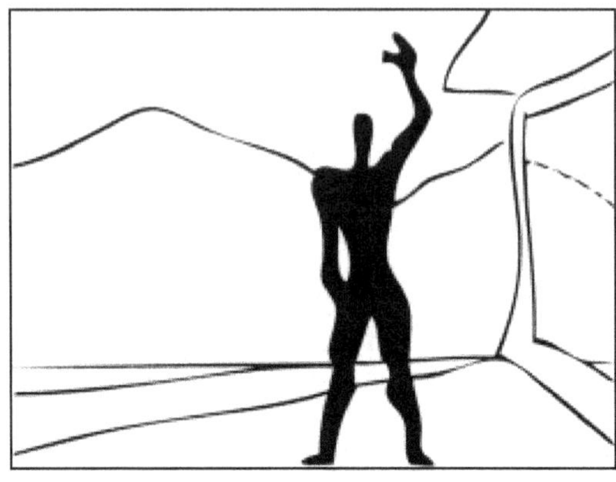

Piano americano

La figura umana è tagliata all'altezza delle ginocchia.

Mezza figura

Dalla vita in su.

Primo piano

La figura è tagliata all'altezza delle spalle e il volto è al centro della rappresentazione. Questo è il piano giusto per raccontare le espressioni e gli stati d'animo del personaggio.

Primissimo piano

L'inquadratura comprende il solo volto umano, si usa quando lo sguardo del personaggio si fissa su qualcosa, denota stupore o ammirazione e in genere viene prima o dopo l'immagine dell'oggetto guardato (controcampo). Viene anche usato per entrare in una dimensione intima del personaggio mentre prova un sentimento interiore non correlato a un evento esterno.

Il particolare

Si riferisce sempre a una parte specifica del volto umano.

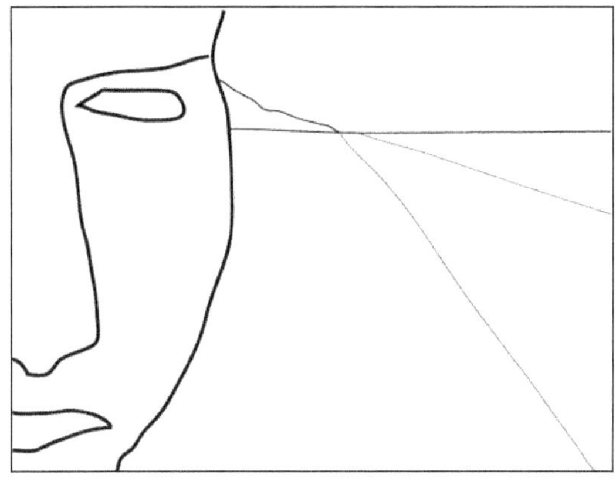

Dettaglio

Si riferisce al particolare di un oggetto osservato da un personaggio o su cui il narratore vuole porre l'attenzione dello spettatore. Può riferirsi anche a una parte del corpo: il dettaglio delle mani, ad esempio.

Mettere insieme i piani

Ora che conosci la scala dei piani vediamo come puoi mettere insieme le inquadrature (e quindi disegnare il tuo *storyboard*). Per quanto possa sembrare un'operazione più attinente al montaggio, è indispensabile stabilire la sequenza prima di riprendere, per non trovarsi poi sprovvisti di inquadrature indispensabili alla comprensione della trama, come purtroppo spesso capita!

Questo è un esempio classico. All'inizio di una sequenza sarà utile presentare lo spazio in cui si svolge la scena. Hai presente quando all'inizio di ogni puntata dei telefilm americani vediamo inquadrata la casa dei nostri protagonisti? Questo si chiama **establishing shot**.

Andando per gradi avremo quindi:

- l'*establishing shot* che in genere è un campo lungo ed è la prima inquadratura che presenta e stabilisce l'ambiente in cui si sta per svolgere la scena successiva;
- la seconda inquadratura potrà essere un piano totale, in cui ci avviciniamo, conosciamo tutti i personaggi della sequenza e capiamo come sono posizionati nello spazio della scena;
- la terza inquadratura potrebbe essere il primo piano del protagonista che sta parlando;

- una quarta inquadratura la figura intera del personaggio che ascolta.

SEGRETO n. 7: tra le inquadrature scegliere sempre quella più vicina al messaggio da comunicare, ma non dimenticare mai una ripresa del campo totale che ci dia una visione d'insieme.

Posizione rispetto al soggetto

Dopo aver parlato della distanza, passiamo ora all'altra variabile di cui devi tenere conto, ossia **l'angolo di ripresa**. A partire dalla situazione in cui la telecamera è posta frontalmente rispetto all'asse verticale e orizzontale del soggetto ripreso, puoi decidere di sfruttare tutti gli angoli a destra o a sinistra dell'immagine e contemporaneamente verso l'alto o al contrario verso il basso: le combinazioni sono infinite.

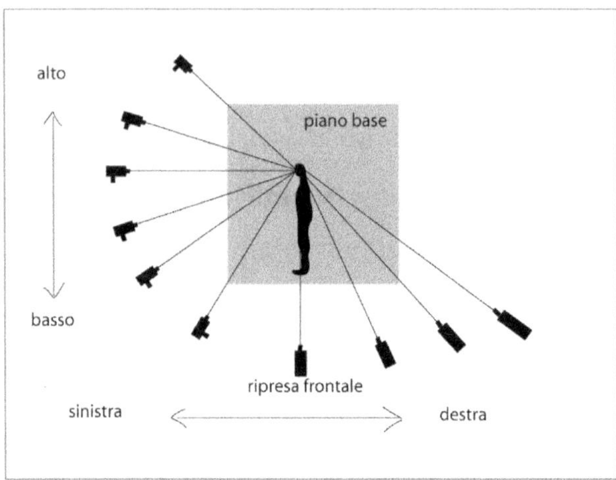

Quando riprendi un soggetto ti conviene metterti sempre leggermente spostato a destra o a sinistra rispetto all'asse frontale per accentuare l'effetto tridimensionale ed evitare che le tue immagini risultino piatte e prive di profondità.

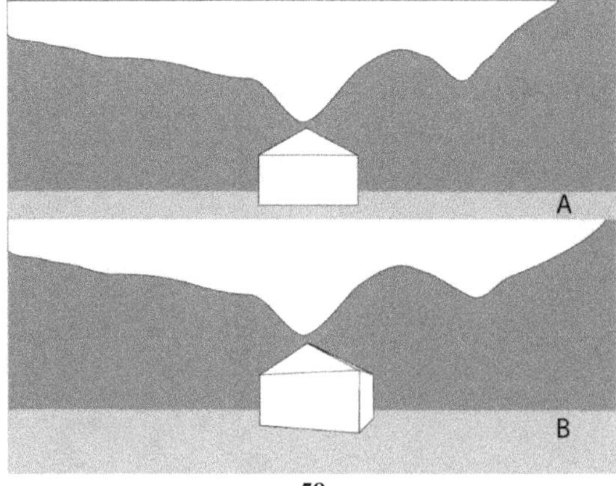

In un'inquadratura, le linee orizzontali e verticali rimandano a un senso di tranquillità e di calma, mentre le linee diagonali danno sempre una sensazione di movimento e di inquietudine.

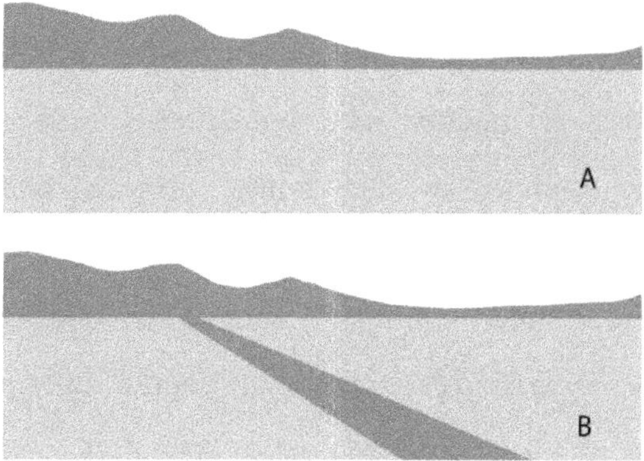

Nel caso A abbiamo un paesaggio piano che riflette una situazione statica e quieta. Nel caso B il paesaggio è percorso da una strada che taglia diagonalmente il piano e allude a un movimento, a qualcosa che sta per succedere.

Come per la distanza, anche in questo caso, grazie all'uso delle angolazioni (alto, basso, piano, obliquo), potrai sottolineare le caratteristiche psicologiche del personaggio. Se ad esempio riprendi un soggetto dall'alto in basso, otterrai un effetto di oppressione mentre lo stesso soggetto ripreso dal basso verso l'alto sembrerà alquanto minaccioso.

Un bambino che viene rimproverato dal maestro sembrerà mortificato da un'inquadratura dall'alto in basso, mentre dal suo punto di vista il maestro sarà inquadrato dal basso in alto. Renderai la ripresa di un uomo ubriaco che cammina appoggiandosi al muro in maniera più efficace se la linea dell'orizzonte risulterà obliqua rispetto alla cornice della tua inquadratura, e così via. Grazie all'angolo di ripresa potrai determinare lo stato d'animo dello spettatore che tenderà a identificarsi nel bambino nel primo caso, con l'ubriaco nel secondo, mentre se vuoi mantenere l'equidistanza emotiva dalle rispettive situazioni probabilmente sceglierai un'angolatura piana e neutrale.

Soggettiva e oggettiva

Nei paragrafi precedenti abbiamo accennato alla soggettiva. Questa inquadratura si usa molto per "guardare" con gli occhi del personaggio, infatti ha molto a che fare con il punto di vista. Si ha una **soggettiva** quindi quando gli sguardi dello spettatore e del personaggio coincidono. Al contrario avremo un'inquadratura **oggettiva** quando il punto di vista dello spettatore è più ampio di quello del personaggio (lo spettatore lo guarda dall'esterno). Il film *The Blair Witch Project* che abbiamo citato all'inizio è realizzato usando esclusivamente la soggettiva. Questo tipo di sguardo può anche essere, tuttavia, solo un'inquadratura all'interno di una sequenza fatta di inquadrature oggettive (o viceversa). La soggettiva è molto utile per entrare nella "pelle" del nostro protagonista e spesso è seguita o preceduta da un primissimo piano di quest'ultimo.

SEGRETO n. 8: lo spettatore non deve solo vedere, deve anche guardare "in un certo modo". Per coinvolgerlo emotivamente è molto utile giocare con l'angolo di ripresa e il punto di vista.

I movimenti con la videocamera

Oltre alla distanza, all'angolo, alla soggettiva e all'oggettiva c'è un'altra variabile che contribuisce a caratterizzare la tua inquadratura. Avrai certamente sentito parlare di carrellata, panoramica, zoom ecc.: stiamo parlando dei **movimenti di macchina**. Naturalmente in alcuni casi occorrono attrezzature specifiche e macchinisti, cioè uomini coordinati dal direttore della fotografia che hanno il compito di far "viaggiare" la nostra telecamera all'interno del set con movimenti precisi e delicati che costituiscono per gran parte la specificità del linguaggio cinematografico. Parlando di movimenti di macchina dobbiamo fare una precisazione poiché si parla in alcuni casi di attrezzature molto sofisticate che non avrai facilmente la possibilità di utilizzare, ci limiteremo a nominarli e approfondiremo invece quelli con cui più facilmente avrai a che fare.

Intanto la parola stessa movimento sta a indicare che non parliamo più di un'inquadratura statica (effettuata con il cavalletto o puntando la videocamera in maniera fissa), ma di un'**inquadratura dinamica**, cioè di una ripresa che viene eseguita con un movimento ben preciso della nostra videocamera. Cominciamo dai movimenti che puoi effettuare tu senza l'ausilio di apparecchiature particolarmente professionali.

La panoramica

È uno dei movimenti più comuni, serve per descrivere uno spazio, in genere un panorama. La nostra telecamera compie un movimento rotatorio destra-sinistra o alto-basso e viceversa. Il movimento può essere fatto a mano, o aiutandosi con un cavalletto. In questo secondo caso occorre un cavalletto di buona qualità dotato di un particolare sistema di cuscinetti che viene detto a "testa fluida". Inoltre, per garantirsi un movimento scorrevole, bisogna fare un po' di pratica perché la pressione della mano sia costante. È importante inoltre che il movimento termini in un punto preciso e senza incertezze, scatti o "sbavature" che vanificherebbero la ripresa.

Lo zoom

Lo zoom non è un vero movimento di macchina perché non c'è uno spostamento fisico della videocamera, lo spostamento è solo delle lenti (attraverso l'apposita ghiera o pulsante).

Abusato nei film d'azione degli anni settanta, lo zoom veniva applicato soprattutto nelle soggettive in cui la cinepresa, passando rapidamente da un campo medio a un primo piano, isolava dal contesto l'oggetto di attenzione dello sguardo. Il movimento era rapido e in genere anticipava un inseguimento e l'effetto era del tipo: ti ho visto-ti prendo. Caduta per molti anni in disuso, questa possibilità del linguaggio cinematografico ha trovato nuova vita con Quentin Tarantino che ne ha fatto largo uso in *Kill Bill*.

Tutte le videocamere hanno uno zoom più o meno potente e questo mezzo espressivo è in genere molto usato dal videoamatore poco esperto anche se andrebbe adoperato con parsimonia, sia nel rispetto del suo significato, sia perché più la ripresa è zoomata e più sarà mossa. In generale il consiglio è quindi sempre quello di avvicinarsi al soggetto che vogliamo riprendere, soprattutto se non abbiamo un cavalletto.

Se usato lentamente e molto accuratamente lo zoom può avere la funzione di un carrello, ad esempio per sottolineare la suspense di un racconto. Con questa finalità puoi dunque iniziare a riprendere un personaggio intento a raccontare qualcosa (piano a figura intera) e avvicinarti lentamente terminando con la fine del racconto su un primissimo piano.

Macchina a mano

Questo movimento non ha certamente bisogno di presentazioni, è il primo movimento con cui chi possiede una videocamera impara ad avere a che fare e, in molti casi, anche l'unico. Nella fiction è usato in genere per dare rilievo a scene di azione, o come scelta di regia per avere un effetto molto diretto dal sapore realistico-documentaristico, come a dire: "questa cosa è successa per davvero".

Carrello, gru, dolly, steadycam

Accenniamo adesso quei movimenti che hanno bisogno di attrezzature particolari. Nel caso della carrellata la cinepresa viene montata su un carrello che viene spinto su appositi binari. Chaplin, che all'inizio era restio ad abbandonare la tradizionale ripresa fissa, diceva che il carrello dava la sensazione di vedere una scena dalla bicicletta.

La carrellata è "a seguire" se riprendo da dietro il soggetto, "a precedere" se lo riprendo frontalmente, "laterale" se è parallela al movimento del personaggio. La macchina può inoltre fare movimenti più complessi salendo o scendendo grazie al *dolly,* un braccio mobile fissato a sua volta su un carrello o una gru che consente maggiore elevazione, e grazia alla *steadycam* che, grazie a un sistema di contrappesi, consente movimenti straordinariamente fluidi con la camera a mano. Naturalmente poi ci sono la carrellata aerea e il camera car che sono effettuati con attrezzature specifiche montate su mezzi di trasporto. Puoi comunque anche tu girare un camera car (utilissimo per i passaggi non narrativi del tuo video), filmando il mondo che passa fuori dal finestrino (dell'auto, del treno ecc.), l'importante è trovare un buon punto d'appoggio per il braccio che regge la camera.

Altre considerazioni sull'inquadratura

Adesso che hai capito quali sono gli strumenti per realizzare un'inquadratura, non ti resta che sperimentare. Aggiungiamo a quanto detto che è di fondamentale importanza curare al massimo ogni inquadratura prima di girare. Ricordati che nel video valgono le regole della fotografia, quindi un soggetto è centrato quando è leggermente spostato a destra e non a sinistra rispetto al centro geometrico del quadro; in un primissimo piano non tagliare il viso, o se proprio devi, meglio tagliare la testa che il mento.

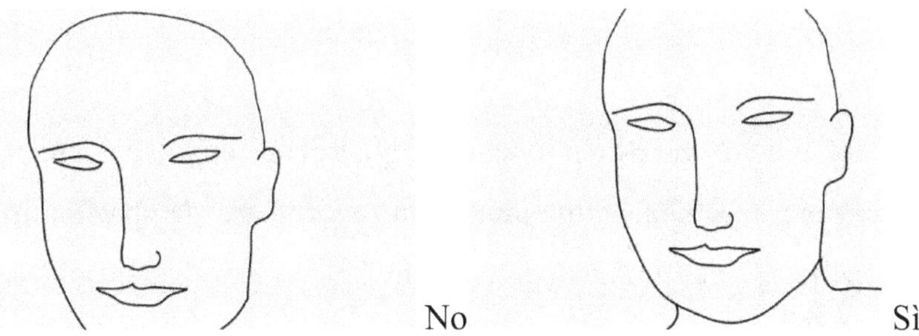

Cura l'inquadratura, non è fatta solo del soggetto che inquadri, ma di tutto ciò che c'è intorno ad esso, anche quello "parla" allo spettatore. Fai perciò attenzione a ciò che entra nel tuo quadro, quello che non serve toglilo, fisicamente se puoi, oppure aggiustando la tua inquadratura, spostandoti leggermente finché gli elementi di disturbo non sono spariti. Abbiamo già spiegato come le linee orizzontali e verticali diano un senso di tranquillità e come le linee oblique abbiano invece un carattere più inquieto, questo non vale solo per i soggetti in primo piano: anche le linee dietro il tuo soggetto parleranno un linguaggio di cui devi essere consapevole.

SEGRETO n. 9: ogni elemento che entra a far parte dell'inquadratura, anche se sullo sfondo, dialoga con lo spettatore e contribuisce a creare il messaggio.

La luce

Abbiamo detto che è meglio tenersi leggermente angolati anche in una ripresa frontale, in modo da accentuare la profondità prospettica dell'immagine. Anche la luce contribuisce notevolmente a questo scopo. Una luce di taglio (laterale) farà emergere di più le forme del tuo soggetto. Al contrario, se avrai una fonte luminosa in faccia al soggetto, otterrai un'immagine molto illuminata ma piatta, la luce alle spalle lo esporrà al controluce e verrà completamente in ombra. Una luce laterale invece sarà sempre idonea soprattutto se bilanciata da una fonte luminosa più debole che proviene dalla direzione opposta. Scegli dunque inquadrature con una luce laterale e là dove non è presente aiutati con una lampada.

Abbiamo parlato in precedenza delle quarze, che possono essere noleggiate a un costo relativamente basso. Anche lavorando scenograficamente, tuttavia, si possono sistemare fonti luminose vicino al soggetto, ad esempio predisponendo una lampada sul tavolo intorno a cui si svolge la scena. Nelle riprese in esterni un semplice pannello di polistirolo ti permetterà di giocare con la rifrazione della luce, questo può aiutarti a correggere una luminosità troppo forte creando un controluce. Sempre lavorando con la rifrazione ti basterà incollare un foglio di alluminio sullo stesso polistirolo per portare la luce solare là dove non c'è.

Anche nel caso della luce vale il discorso che abbiamo fatto su altri elementi del linguaggio visivo. L'illuminazione serve sì a mettere in luce gli attori della tua scena, ma anche a raccontare la loro condizione psicologica, facendone in questo modo un uso drammatico. Una scena forte sarà illuminata da una luce molto contrastata, al contrario una luce soffice prevarrà in una scena romantica. Nei film horror si usa una luce di taglio molto netta, le forme emergono dal buio improvvisamente e con un grande effetto drammatico. La commedia e il film romantico puntano invece più sui colori e sulla morbidezza dell'illuminazione.

Il suono

Come avrai capito, sono davvero molti gli elementi che costituiscono a creare l'immagine cinematografica, considera che questa viene ulteriormente arricchita dal suono. Accenniamo quindi alle terminologie di uso comune come il ciak, la presa diretta e la voce narrante. Intanto cominciamo con il dire che il microfono della tua videocamera può non essere l'unica fonte di ripresa sonora che hai a disposizione. Potresti utilizzare ad esempio un registratore a parte per riprendere più da vicino il tuo soggetto.

Mettiamo che per una precisa scelta di regia tu voglia riprendere da lontano due amici che confabulano su una panchina. Oppure il caso che tu voglia intervistare qualcuno che si trova vicino a un macchinario molto rumoroso e che tu non ti possa avvicinare più di tanto perché vuoi che sia la persona sia l'apparecchiatura siano nell'inquadratura. Da quella distanza il tuo microfono non riuscirà a catturare le parole, a meno che i soggetti non si mettano a urlare. Avrai dunque bisogno di una ripresa audio indipendente dalla ripresa video.

Alla fine delle riprese avrai due registrazioni diverse che devono essere facilmente individuabili, in fase di montaggio, infatti, dovrai sincronizzare le due tracce. Per fare ciò dovrai ricordarti di battere il **ciak** a ogni ripresa. Prima che gli attori dicano le loro battute, sia la ripresa audio sia quella video si concentrano sul famoso ciak, quindi l'asticella batterà sulla lavagnetta, il video catturerà l'immagine della battuta e l'audio registrerà il suono prodotto. In questo punto esatto potrai poi allineare le due tracce e sarai sicuro di avere una sequenza con audio sincronizzato.

Ecco cosa succede su un set professionale (che puoi ricreare chiedendo l'aiuto di alcuni collaboratori): il regista dice "motore", il cameraman e il fonico schiacciano Rec sui loro dispositivi e rispondono "partito". A questo punto il ciak entra in campo e il ciakkista dice: "Scena due" (cioè il numero della scena in sceneggiatura), terza (cioè numero delle volte che è stata ripetuta la stessa scena). A questo punto l'asticella batte sulla lavagna, il ciak esce di scena e la nostra azione può cominciare. Questo va ripetuto ogni volta che giriamo una scena in cui abbiamo una registrazione audio non incorporata al video.

Oggi per la verità ci sono registratori audio professionali che si sincronizzano collegando un cavetto al *timer* delle videocamere (il cosiddetto dispositivo di *free running)* e ci risparmiano tutto questo lavoro, oneroso soprattutto nel documentario in cui non abbiamo sempre la possibilità di girare delle vere e proprie scene. In ogni caso è utile sapere che nella nostra presa diretta possiamo avere più punti d'ascolto e che è di fondamentale importanza avere le riprese sincronizzate.

Abbiamo chiamato in causa la **presa diretta**, spieghiamo di cosa si tratta. La presa diretta è il sonoro che viene registrato contemporaneamente alle immagini, che viene preso in diretta appunto. Nel caso di un video musicale, invece, l'audio, cioè il brano musicale, viene apposto successivamente alle riprese. In un film doppiato l'audio non è in presa diretta. In conclusione si dice presa diretta la registrazione audio solo quando è contestuale alla registrazione video.

L'eventuale registrazione di una **voice over** (una voce narrante) verrà sempre effettuata in un secondo momento ed è bene che la ripresa sia effettuata in un posto tranquillo e silenzioso e che sia ripetuta più volte con varie intonazioni per poi avere possibilità di scelta in fase di montaggio.

SEGRETO n. 10: per scegliere l'inquadratura giusta chiudere gli occhi e vedere la scena dentro di sé prima di schiacciare il tasto Rec.

RIEPILOGO DEL CAPITOLO 2:

- SEGRETO n. 6: in fase di ripresa, oltre a trasmettere l'emozione, è necessario, attraverso le immagini, dare allo spettatore che non sa nulla tutte le informazioni per comprendere il messaggio.

- SEGRETO n. 7: tra le inquadrature scegliere sempre quella più vicina al messaggio da comunicare, ma non dimenticare mai una ripresa del campo totale che ci dia una visione d'insieme.

- SEGRETO n. 8: lo spettatore non deve solo vedere, deve anche guardare "in un certo modo". Per coinvolgerlo emotivamente è molto utile giocare con l'angolo di ripresa e il punto di vista.

- SEGRETO n. 9: ogni elemento che entra a far parte dell'inquadratura, anche se sullo sfondo, dialoga con lo spettatore e contribuisce a creare il messaggio.

- SEGRETO n. 10: per scegliere l'inquadratura giusta chiudere gli occhi e vedere la scena dentro di sé prima di schiacciare il tasto Rec.

CAPITOLO 3:

Come mettere ogni cosa al suo posto
con il montaggio

«Il cinema è il modo più diretto

per entrare in competizione con Dio».

Federico Fellini

Tante volte si parla di manipolazione delle immagini, riferendosi a un procedimento negativo che cambia e distorce il significato originario di un video. Questa rielaborazione viene fatta per mezzo del montaggio grazie a cui un video può assumere completamente un altro significato rispetto al suo originale. Al riguardo, recentemente, alcuni montatori statunitensi hanno scatenato la moda del *trailer recut* cioè del "trailer rimontato".

Rimescolando frammenti di film hollywoodiani hanno stravolto il messaggio di alcuni trailer di pellicole famose, dimostrando che, attraverso il lavoro di montaggio audio e video, il senso di un film può essere alterato.

Mary Poppins è diventato un film horror, *Shining* al contrario una commedia familiare. Sono riusciti addirittura a inventare film che non esistono, come è stato fatto per il sequel di *ET* o di *Titanic*, in cui Di Caprio viene ripescato casualmente dagli abissi e scongelato. Eccone alcuni esempi:

* http://tiny.cc/phzj2;
* http://tiny.cc/4foh1;
* http://tiny.cc/mz7ji;
* http://tiny.cc/han77.

Nell'era della comunicazione audiovisiva questa può considerarsi certamente un'arma: con una manipolazione ben fatta si può promuovere con successo un prodotto o controllare milioni di persone come succede in quei paesi in cui l'informazione è fortemente condizionata dal regime di turno. Resta il fatto che per la sua importanza il montaggio più di ogni altra cosa è ciò che caratterizza la settima arte. Conoscerne i trucchi ti aiuterà non solo a ottenere video brillanti, ma anche a diventare uno spettatore più consapevole.

L'ordine

Una delle magie del video è che, a seconda delle esigenze, è possibile filmare in un ordine diverso rispetto alla cronologia della storia, e poi con il montaggio rimettere tutto al suo posto. Ad esempio: se avrai nella tua storia tre scene ambientate in un garage, non ti converrà smontare il set e poi rimontarlo ogni volta che cronologicamente la storia ti riporta nello stesso luogo, ma potrai girare tutte le scene in una sola volta. Sarà in sede di montaggio che ti preoccuperai di collocare le scene al momento giusto della tua **timeline**, la tua linea del tempo.

Hai appena finito di girare il tuo video e hai bisogno di mettere insieme tutte le parti: il video, il suono, alcune foto che vuoi inserire e una colonna sonora di accompagnamento. Da dove cominci?

Acquisizione del materiale

Intanto cominciamo con il dire che dovrai installare un software di montaggio sul tuo computer. Ci sono tantissimi programmi in circolazione, anche liberi e scaricabili dalla rete, per quanto riguarda gli standard, i professionisti usano Avid e Final Cut. Noi per iniziare consigliamo un programmino più semplice e intuitivo come IMovie per chi usa Apple (si trova già nel pacchetto software in dotazione) o Windows Movie Maker per chi usa il Pc. La sostanza non cambia: la prima operazione da fare è acquisire il materiale che vogliamo montare. Quindi si collega il cavetto della nostra videocamera al computer e si scarica attraverso il programma tutto il girato. Una volta *steso* il materiale siamo pronti per tagliare, spostare e incollare le nostre clip.

La scaletta

La cosa importante adesso è sapere da dove iniziare. Per fare questo hai bisogno di predisporre due operazioni preliminari. La prima è di metterti comodamente seduto, riguardare tutto il materiale e catalogarlo segnando le scene importanti. La seconda è quella di organizzare il materiale secondo la tua nuova sequenza, l'ordine in cui vuoi che queste scene siano dislocate nell'arco temporale del tuo video. Questa lista si chiama scaletta ed è concettualmente molto simile a quella che hai fatto all'inizio per ideare il video che ancora non esisteva. Te la ricordi? Ebbene dimenticala! Ora che il tuo video è stato filmato non ti conviene ripartire dalla scaletta iniziale, meglio scriverne una nuova tenendo conto solo delle immagini che hai a disposizione. In definitiva dovrebbe esserti chiaro che non bisogna guardare al montaggio come una fase puramente tecnica di assemblaggio di idee precostituite, ma come l'ultima fase creativa del processo. Hai la più piena libertà anche di inventare, tutte le fasi precedenti (ideazione e ripresa) si sono oramai "perse" per dare vita al filmato che hai tra le mani e al quale adesso devi dare un senso.

SEGRETO n. 11: il modo giusto per iniziare a montare è riscrivere il video da capo tenendo conto solo delle immagini acquisite.

La scelta delle clip e il loro posizionamento

Una volta terminato il lavoro di "riscrittura", quando ti sentirai soddisfatto dell'ordine che hai stabilito, potrai iniziare il lavoro del montaggio *tout court*. Facciamo ora un esempio pratico per capire come procedere.

Immagina che tu e i tuoi amici siate andati in montagna, tu abbia fatto alcune riprese delle vostre evoluzioni con la mountain bike, tu abbia girato tre ore di materiale e adesso voglia farne un video di pochi minuti da mettere su YouTube. Per prima cosa cominciamo a scegliere le **clip** (le scene girate).

Il raccordo

Hai fatto molte riprese fisse spostandoti lungo il percorso. In queste inquadrature i ciclisti entrano da una parte dello schermo ed escono dall'altra. Prendi tutte le clip di questo tipo e le mettile in fila e… sorpresa! Automaticamente avrai creato l'effetto di un percorso continuo. Questo tipo di taglio si chiama **raccordo di azione**: anche se in realtà i ciclisti erano in un altro posto quando li hai filmati, avrai comunque ottenuto l'impressione della continuità. La velocità dei raccordi e la lunghezza delle clip determineranno il ritmo del montaggio che può essere lento o veloce a seconda delle esigenze. Per montare a ritmo di musica dovrai far coincidere i tagli con le battute del ritmo, ma attenzione alla monotonia: ogni tanto salta qualche battuta per non ottenere un effetto di meccanicità.

Raccordo di suono

Anche se non riguarda direttamente la ripresa video, un altro elemento che aiuta non poco la continuità tra un'inquadratura e l'altra è il suono. Anche se i tagli non sono impeccabili, una musica **extradiegetica** (cioè inserita in fase di montaggio) che si stende uniformemente sotto ci aiuta a digerire tutto, o quasi. Sulla continuità sonora infatti si basa una delle regole dei raccordi, il raccordo sonoro appunto.

Montaggio alternato

La sequenza ottenuta con il raccordo non ti coinvolge abbastanza e dopo un po' hai la sensazione di essere solo uno spettatore. Per fortuna hai fatto altre riprese: a un certo punto infatti sei salito in bici e hai seguito con la videocamera i tuoi amici mentre scendevano. Seleziona queste clip e alternale alla prima sequenza. Otterrai così l'impressione di trovarti in mezzo all'azione.

Hai fatto anche un altro tipo di ripresa: alcuni amici erano al punto di arrivo in attesa del vincitore, ti sei concentrato su di loro e hai fatto molti primi piani raccontando la loro attesa. Immagina ora di alternare le prime due sequenze con alcuni momenti d'attesa della sequenza tre. Avrai ottenuto l'impressione di essere contemporaneamente sia con i ciclisti sia con gli amici all'arrivo, anche se in realtà sono immagini girate in momenti diversi.

Adesso immagina che i ciclisti si stiano avvicinando al traguardo, ti basterà creare un'alternanza più serrata tra le sequenze uno, due e tre per avere un effetto di avvicinamento. Questo si chiama **montaggio alternato** e come il raccordo è stato inventato da David Wark Griffith nel 1915.

Jump cut

Hai la ripresa di un ciclista che scende una lunga discesa: invece di mostrarla in tutto il suo sviluppo, per accelerare il ritmo del video puoi fare alcuni tagli interni alla scena. Otterrai alcuni spezzoni non consecutivi che rappresentano l'azione.

Rallenty e velocizzazione

Un altro modo per giocare con il tempo è quello di rallentare o velocizzare un'azione. Un effetto da provare è quello di un'azione che inizia velocemente/lentamente e poi si normalizza o viceversa.

Passaggi di tempo

Al tramonto i tuoi amici si sono seduti intorno a un falò e hanno cominciato a bere, mangiare e cantare mentre la luce andava via e il cielo si faceva scuro. Hai fatto molte riprese brevi tutte nello stesso punto a distanza di qualche minuto l'una dall'altra. Montandole insieme, l'unica cosa che cambierà sarà il colore del cielo e la posizione delle persone sulla scena. Ecco che messe in fila l'una dopo l'altra le clip daranno l'idea di una contrazione temporale, e avrai raccontato in modo emozionante l'arrivo della notte (l'effetto è migliore con una musica di sottofondo che aumenta l'impressione di continuità).

SEGRETO n. 12: grazie all'uso delle contrazioni e dilatazioni temporali è possibile giocare con il tempo e rendere un video di volta in volta più dinamico o più lento rispetto alla realtà.

Le transizioni

Ogni volta che tagli una clip e la unisci con la successiva, puoi intervenire sulla natura della "cucitura". Vi sono vari tipi di cucitura e ognuna ha un suo linguaggio per comunicare allo spettatore una cosa diversa. Di seguito le spiegheremo facendo per ognuna alcuni esempi pratici.

Dissolvenza a nero o fade out: sto andando via!

Abbiamo una dissolvenza quando l'immagine sfuma e si scioglie in un'altra immagine. Il **fade out** sottolinea che stiamo lasciando un'immagine o una certa situazione. Il tipico uso che se ne fa è alla fine di un video: l'ultima immagine resta sospesa alcuni secondi, dissolve in nero e sullo schermo appaiono i titoli di coda. Un altro uso molto frequente è nelle **ellissi temporali** a medio e lungo raggio. Quando tra due scene trascorre un certo lasso di tempo, che può essere un'ora oppure un anno, usando un *fade out* (dissolvenza a nero) avrai la sensazione di un passaggio di tempo. Questo è probabilmente un effetto visivo mutuato dal linguaggio del teatro in cui tra un atto e l'altro cala il buio sulla scena e scende il sipario.

Assolvenza o fade in: sto arrivando!

Il **fade in** è l'esatto contrario del precedente e serve per sottolineare che sta arrivando una certa situazione. Spesso segue una dissolvenza a nero, da cui, infatti, emerge una nuova scena.

L'assolvenza e la dissolvenza riguardano anche le didascalie, ad esempio "sei mesi dopo". In genere più è lunga la dissolvenza più è ampio il tempo trascorso. Chiaramente c'è un limite! Stiamo in ogni caso parlando di manciate di fotogrammi: si va da un minimo di 5 fotogrammi (1 secondo = 24 fotogrammi) a un massimo di 50-60 nel caso di una dissolvenza finale.

Il *fade in* e il *fade out* oggi sono usati sempre meno perché hanno un sapore retrò, poco moderno. Siamo abituati a un montaggio più veloce, pieno di ritmo, con tagli a stacco e *jump cut*.

La dissolvenza incrociata o crossing fade – lascio il posto a...
Questo tipo di giuntura viene fatta quando vogliamo sottolineare che c'è un passaggio molto breve. Siamo di fronte a una situazione di sostanziale continuità temporale. L'immagine precedente sfuma e si dissolve nell'immagine che sopraggiunge e assolve.

Montaggio a stacco
Questo è il tipo di giuntura che si usa maggiormente per unire due immagini. Le clip si accostano e tra l'una e l'altra non c'è dissolvenza. Al contrario delle precedenti, si usano per creare una continuità spazio temporale. Prima abbiamo parlato di raccordo in

azione: un soggetto in movimento esce da un lato dello schermo e rientra nell'inquadratura successiva continuando il movimento e offrendo l'impressione di una continuità spaziale. Abbiamo il montaggio a stacco anche nel caso del **raccordo di sguardo** in cui due immagini si collegano tra di loro grazie alla linea immaginaria che si crea tra chi guarda e l'oggetto guardato. Primo piano dell'uomo – stacco – una mela.

C'è poi il **montaggio analogico**, che si basa appunto sull'analogia, cioè sulla forma di un oggetto e la sua somiglianza con l'oggetto dell'inquadratura successiva: una mela – stacco – la testa di un uomo. Nel montaggio analogico l'obiettivo non è una continuità spazio-temporale ma semantica (di senso). Sarà per questa differenza più intellettuale che il suo inventore, Sergei Eisenstein viene fatto oggetto di derisione in Fantozzi con la sua famosissima *Corazzata Potemkin* in cui il montaggio analogico viene largamente applicato.

Questo video http://tiny.cc/pep8l è realizzato incollando a stacco una serie di immagini. L'impressione della continuità spazio temporale è garantita dal passaggio attraverso porte che di volta in volta si aprono su altri mondi. Non c'è alcun tipo di dissolvenza e sembra esserci, infatti, totale continuità spazio temporale anche se sappiamo che è matematicamente impossibile fare il giro del mondo in ottanta secondi.

Ora analizziamo insieme questo video professionale: http://tiny.cc/z9rmy. La prima sequenza è costituita da tre raccordi a stacco sul movimento di macchina:

1. i ragazzi sono in coda al check-in di un aeroporto (carrello in avanti), stacco;
2. i ragazzi sono arrivati sulla pista e si preparano (carrello all'indietro, stacco);
3. ultime messe a punto delle bici (carrello laterale, stacco).

Adesso succede una cosa interessante: c'è un cambio di stato, finisce la prima sequenza e inizia la seconda. Finita la fase di avvicinamento, siamo sulla pista: per un'ultima volta il linguaggio è lo stesso della prima sequenza ma allo stesso tempo viene introdotto il linguaggio della seconda (carrello laterale sulla pista/entrano in campo i ciclisti ed escono dal quadro, stacco). Da adesso in poi inizia la seconda sequenza, di cui contiamo le inquadrature: abbiamo ventuno inquadrature in cui la videocamera è completamente ferma, i ciclisti entrano da una parte ed escono dall'altra, tre inquadrature in cui la camera esegue una leggera panoramica, una in cui li segue con lo zoom e due in cui i ciclisti sono seguiti da una carrellata aerea. A rompere la continuità dell'azione sono alternate: una brevissima intervista, un piano d'ascolto, una carrellata laterale, una carrellata a seguire. In totale abbiamo trenta inquadrature e tutti tagli a stacco.

Finita la sequenza della discesa si alternano una serie di interviste, piani d'ascolto, altre azioni, infine arriva la sequenza del tramonto: qui la videocamera è fissa su un pezzo di cielo leggermente in controluce, vediamo avvicendarsi le acrobazie dei ragazzi, mentre, sullo sfondo di un epico cielo, si avvicina il tramonto.

Il video prosegue, ripropone discese, evoluzioni e campi lunghi in cui predomina il racconto della natura. È un piccolo video, ma molto professionale, sicuramente confezionato da mani esperte. Non è tuttavia stato realizzato adoperando grandi mezzi, anche le carrellate aeree sono realizzate da una seggiovia che corre lungo il tracciato. Anche tu puoi farlo, bastano pochi strumenti e un po' di fantasia!

SEGRETO n. 13: impara a copiare. Analizza i video che ti colpiscono, comincia a capire che inquadrature e che tagli sono stati applicati per ottenere un'immagine che ti piace.

Errori da evitare

Ogni inquadratura che hai realizzato dovrebbe trovare una sua collocazione all'interno del montaggio, ma questo non è sempre possibile, a volte un'inquadratura è sbagliata e non sarà utilizzabile. Quali sono gli errori più banali da evitare? Abbiamo deciso di inserire qui questa sezione perché, anche se gli errori riguardano la fase di ripresa, potrai comprenderli meglio ora che hai qualche nozione di montaggio. Assicurati intanto che all'inizio e alla fine di una ripresa ci siano dieci secondi in più del dovuto. Quando finisci la tua ripresa non affrettarti a schiacciare Stop, riprendi ancora dieci secondi. In montaggio rischi altrimenti di non avere quei fotogrammi in più che ti permettono di lasciare una coda per una dissolvenza e dovrai "mangiarti" la scena!

Lo **scavalcamento di campo** è un errore classico e somiglia al fuorigioco del calcio. In un'inquadratura, gli sguardi di due personaggi definiscono una linea retta, perciò devi scegliere a priori un lato da cui riprenderli (al di qua o al di là della linea), dopodiché non dovrai più oltrepassare questa linea. Le tue inquadrature dovranno essere tutte entro questo lato del campo altrimenti quando andrai a montare gli sguardi dei personaggi non combaceranno.

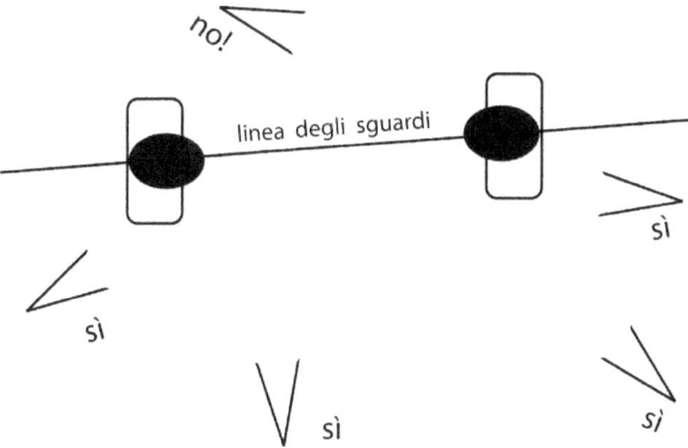

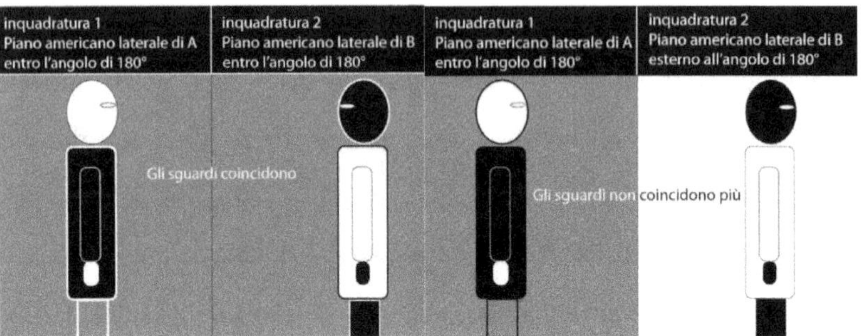

Estendiamo il concetto dello scavalcamento di campo alle **entrate e le uscite di campo** di un personaggio. Esempio: se un personaggio sta facendo una passeggiata ed esce dal quadro a destra, nell'inquadratura successiva non potrà entrare a destra perché tradotto in termini filmici significherebbe che sta tornando indietro!

SEGRETO n. 13: prefigurarsi come una ripresa verrà montata preverrà eventuali errori che renderebbero l'inquadratura inutilizzabile.

Ora ti presentiamo gli step base per montare il tuo video con due programmini free (uno per Mac e uno per Pc). Non sono programmi professionali, ma permettono comunque di ottenere ottimi risultati e di avvicinarsi alle tecniche di montaggio. Nei paragrafi che seguono ti insegneremo solo il necessario, il resto lo imparerai con la pratica, i due programmi sono infatti molto intuitivi. Un'avvertenza: prima di iniziare a montare, assicurati di avere abbastanza spazio nel tuo computer, oppure utilizza un hard disk esterno.

IMovie

Apri il programma. In alto a sinistra troverai scritto "nuovo progetto". Scrivi il nome del tuo progetto e iniziamo. Intanto dovrai collegare la tua videocamera al computer e acquisire il materiale. Cliccando "importa" il programma scaricherà automaticamente il tuo video sull'hard disk.

A questo punto con il mouse devi selezionare i fotogrammi che ti interessano sulla *timeline* del materiale importato.

Un riquadro giallo indicherà i fotogrammi selezionati, con il mouse puoi allungare o accorciare la selezione.

Scorrendo il puntatore del mouse sopra la selezione questo si trasformerà in una manina, con questa puoi afferrare la clip e trascinarla sul campo della *timeline* di lavoro in alto a sinistra (puoi anche invertire i due campi con la doppia freccia).

Continua la tua selezione e trascina tutte le clip che desideri nel campo di lavoro.

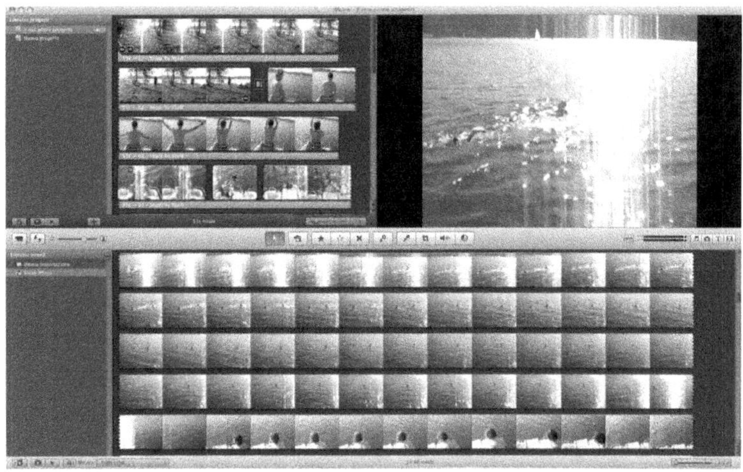

A questo punto hai già ottenuto un filmato formato solo dalle clip che hai tagliato. Ti basterà cliccare una volta col mouse sul primo fotogramma e premere la barra per vedere il filmato nello schermo a destra.

Puoi ulteriormente lavorare le tue clip selezionando con il mouse la parte che non ti interessa e tagliarla con il tasto back-space (ritorno) della tua tastiera. Al contrario, premendo il simbolo con la doppia freccia che appare in basso quando passi il puntatore del mouse alle estremità della clip, apparirà una selezione arancione: tirandone l'estremità puoi aggiungere *frame* alla clip tagliata.

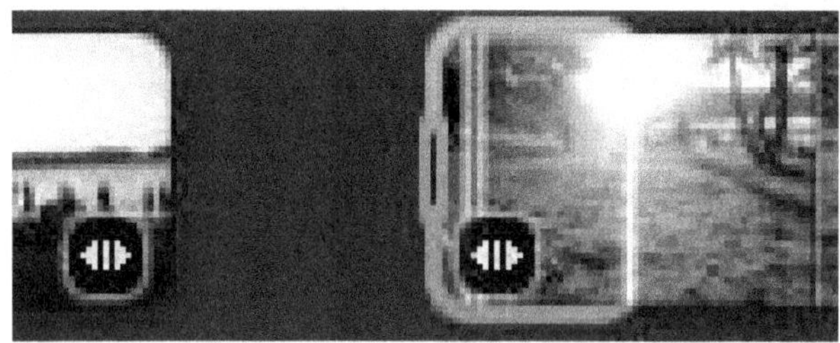

Ora sulla *timeline* di lavoro hai il tuo filmato tagliato. Ti accorgerai che non ci sono transizioni e tra una clip e l'altra c'è un montaggio a stacco netto. Se vuoi aggiungere una dissolvenza devi premere il pulsante a destra della barra mediana degli strumenti, si aprirà il menu delle transizioni.

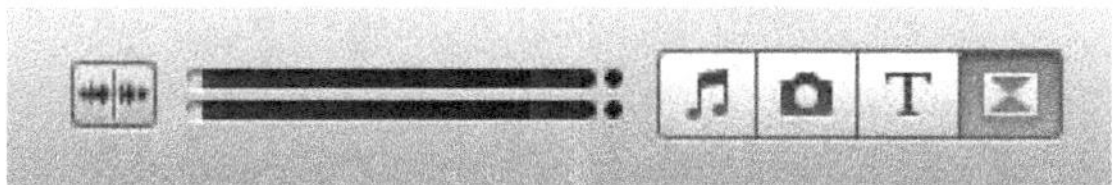

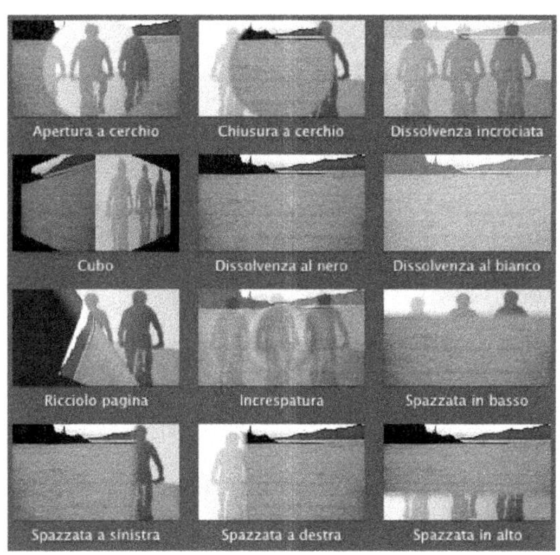

Mettiamo che tu voglia separare due clip con una dissolvenza incrociata.

Basterà passare con la manina sopra la transizione desiderata e trascinarla nel punto esatto della *timeline* in cui le due clip che vuoi giuntare lasciano un piccolo spazietto tra di loro, vedrai apparire una sottile linea verde, lascia andare il pulsante del mouse e la transizione si applicherà automaticamente.

A questo punto il taglio è finito.

Forma dell'immagine e sonoro
Cliccando una volta sulla clip ti accorgerai che appare un menu in cui ci sono vari simboli.

Quelli in alto sono modificatori della singola clip: il primo apre un menu che ti permette di correggerne la luminosità, il contrasto e il colore.

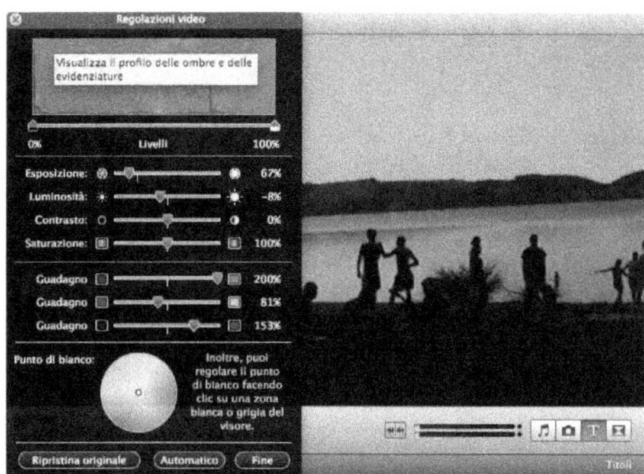

Il secondo apre una maschera di ritaglio nel caso tu volessi riquadrare il campo della clip, il terzo un menu che regola il sonoro.

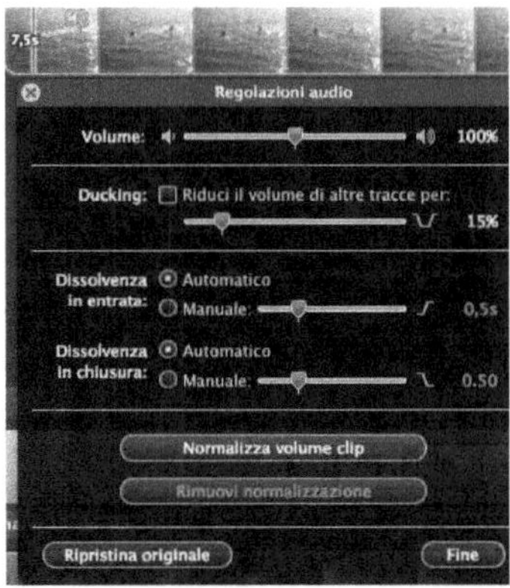

Puoi decidere anche di azzerare l'audio originale e incidere una voce selezionando lo strumento microfono in mezzo allo schermo.

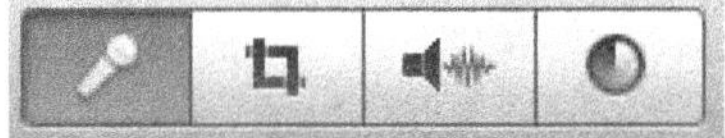

Porta lo strumento sopra al punto in cui vuoi incidere la tua voce e premi la barra per terminare la registrazione. Adesso avrai una traccia sonora in più.

Volendo possiamo anche sovrapporre una musica. Nel menu strumenti a destra seleziona la nota musicale.

Si aprirà il tuo archivio audio: basta che a questo punto selezioni una canzone, la trascini sotto alla clip, e il gioco è fatto!

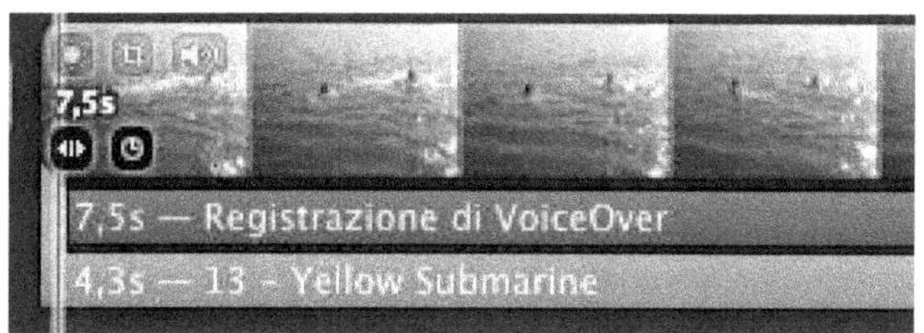

Puntando il mouse alla fine della traccia audio puoi restringere o allungare la traccia a tuo piacimento. Sempre con lo stesso menu degli strumenti, selezionando il tasto con la macchina fotografica puoi aggiungere un'immagine dal tuo album.

Potrai anche inserire una scritta selezionando il tasto con la lettera "T".

Vedrai che apparirà una vasta scelta di sottotitoli, titoli di coda di testa, a scorrimento ecc. Devi solo selezionare il tipo di scritta che preferisci e trascinarla, come sempre, sopra alla clip.

Export

Ora il tuo video è pronto per essere guardato da migliaia di spettatori: puoi caricarlo su YouTube oppure puoi stamparlo su un dvd.

Nel menu in alto clicca su "condivisione" e poi su "esporta filmato".

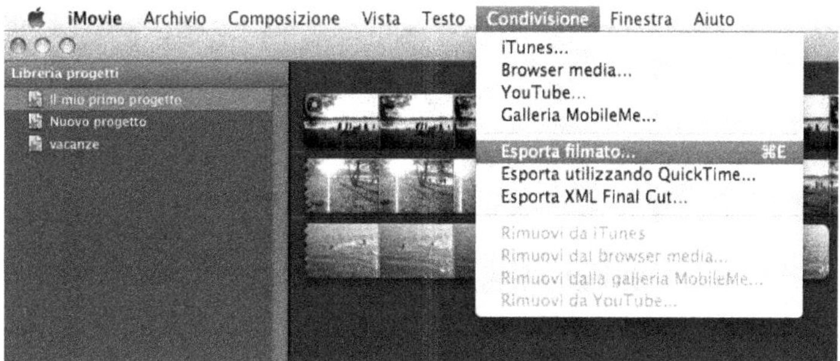

Ci sono alcuni formati predefiniti, tra le opzioni hai la possibilità di caricare direttamente il filmato su YouTube.

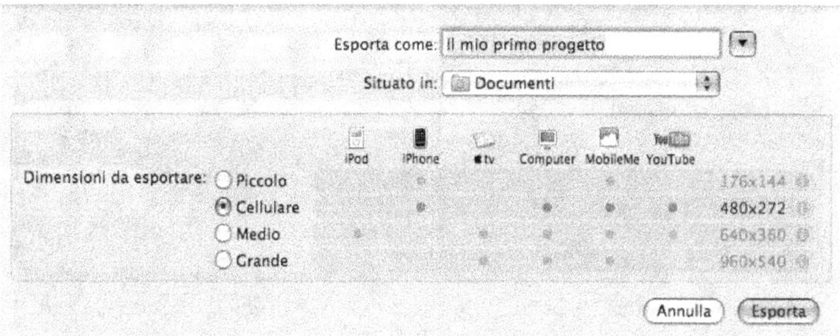

Per creare un dvd scegli l'opzione "grande" ed esporta il filmato.

Creare un Dvd con il Mac

Apri il programma IDvd compreso nel pacchetto ILife del tuo Mac e crea un nuovo progetto. A questo punto a destra avrai una serie di *template* per il menu iniziale. Scegli quello che preferisci e poi trascina il tuo video nel menu. Lì avrai il tuo pulsante (a cui potrai cambiare poi il nome) con cui inizierà il video.

Trascina il tuo video o altre immagini anche sul *template* per ottenere un'animazione.

Per vedere l'effetto premi "play" e quando sarai soddisfatto non ti resta che inserire un dvd vuoto e premere il pulsante "burn" accanto al "play"!

Windows Movie Maker

Per la piattaforma Windows è possibile utilizzare questo semplice software che si scarica gratuitamente da internet, è molto intuitivo e consente di intervenire sul filmato con le principali funzionalità di un programma di video editing professionale: il taglio, la transizione, l'aggiunta di suoni e di immagini, di didascalie e scritte. Vediamo nel dettaglio come funziona.

Una volta scaricato e installato, il programma aperto presenta un'area divisa in quattro campi fondamentali. In alto a sinistra abbiamo le azioni: qui possiamo acquisire il video, le immagini, i suoni man mano che verranno caricati nel quadrante centrale che è la nostra "tavolozza". Qui dobbiamo predisporre tutto il materiale girato e che desideriamo montare, le foto che vogliamo aggiungere al filmato e l'audio (ad esempio un audio extra o una colonna sonora). In basso abbiamo la nostra *timeline* cioè l'area di lavoro su cui trascineremo le clip che ci interessano e che rappresenta in forma grafica il nostro prodotto audiovisivo. In quest'area avvengono la maggior parte delle lavorazioni: possiamo tagliare, montare, spostare, il nostro video oppure aggiungere e togliere le transizioni, le tracce audio, le scritte e le immagini fotografiche. A destra abbiamo il visore: quando una clip viene selezionata nel quadrante centrale o sulla *timeline* viene riprodotta nel visore.

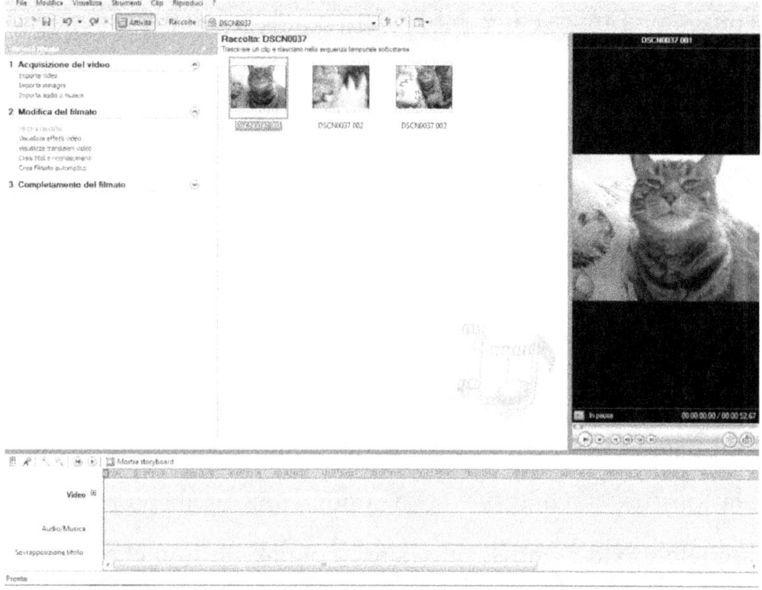

Vediamo le due operazioni preliminari:

1. cliccando su "importa video" si aprirà un menu in cui potrai rintracciare la cartella in cui è custodito il tuo girato caricato nel Pc, successivamente potrai selezionare le clip che intendi montare, queste verranno caricate dal programma e visualizzate nel quadrante centrale;

2. trascina la prima clip sulla *timeline*, da questo momento potrai eseguire sulla traccia le operazioni che vuoi.

Ad esempio, se vuoi effettuare un taglio devi posizionare il cursore sul punto esatto della traccia lineare in cui desideri procedere con la separazione della clip, cliccare il pulsante di taglio sotto il visore a destra: da questo momento la tua clip sarà separata esattamente nel punto scelto.

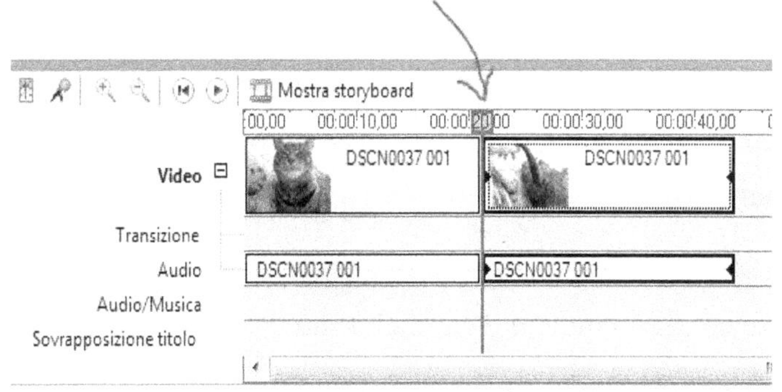

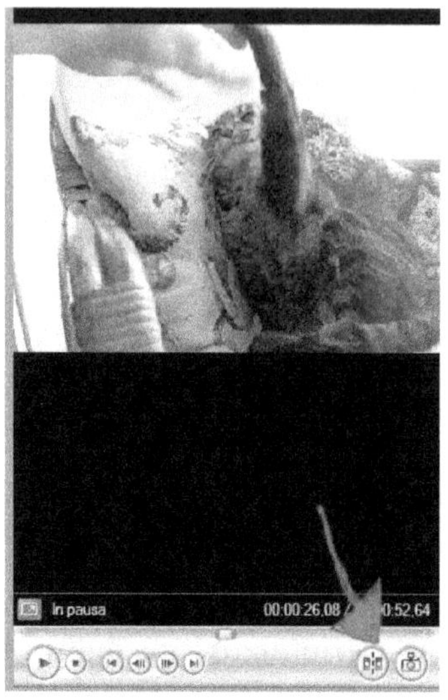

Successivamente puoi eliminare la parte tagliata cliccando semplicemente con il tasto destro del mouse sopra la traccia da eliminare e selezionando "elimina". Adesso potrai trascinare sulla *timeline* un'altra clip, lavorarla e giuntarla alla prima. Lo stesso dicasi per l'audio che è rappresentato da una traccia più piccola sotto alla traccia video e che può essere messa in evidenza con il pulsantino accanto alla scritta "video".

Sempre con il menu che si apre cliccando con il tasto destro avrai una serie di opzioni utili come la dissolvenza in entrata e in uscita. Cliccando "in entrata" una dissolvenza da nero si aggiungerà all'inizio della clip selezionata, scegliendo dissolvenza "in uscita" avrai una dissolvenza a nero alla fine. Cliccando su "effetti video" avremmo la possibilità di aggiungere o togliere altri effetti video che comunque è possibile selezionare anche nel quadrante di sinistra sotto la voce "modifica del filmato". Qui sono elencati tutta una serie di effetti tipo l'antichizzazione o la velocizzazione della clip.

Sotto "transizioni video" avrai una serie di tende e tendine, e la dissolvenza, che serve in realtà a fare solo la dissolvenza incrociata. Per applicare gli effetti occorre trascinarli con il mouse sopra la clip, mentre le transizioni vanno portate sul punto di giunzione fra due clip. Una volta applicate le transizioni puoi regolarne la durata stirando o contraendo con il mouse la piccola traccia. Sempre dal menu "modifica" possiamo scegliere l'opzione "crea titoli o riconoscimenti". Ci si aprirà un altro menu in cui sarà possibile scegliere un titolo di testa, di coda o interno alla nostra clip.

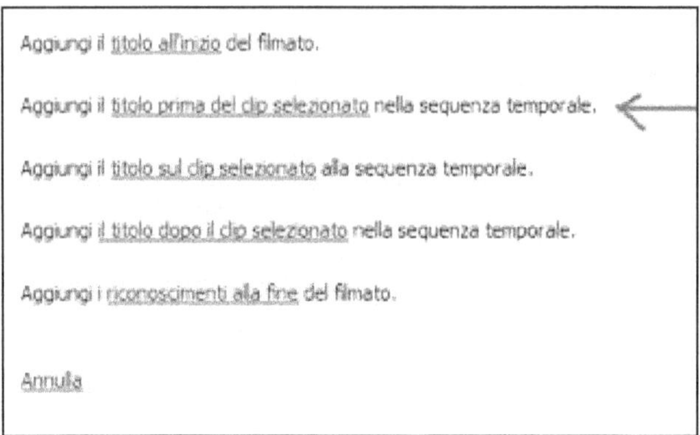

Qui puoi optare tra vari tipi grafici di titoli. Una volta scelto, anche il titolo si presenterà sulla nostra sequenza temporale sotto forma di piccola traccia di cui potrai gestire la durata come per tutte le altre.

Possiamo poi giustapporre una musica e importare dalla nostra libreria un file, scegliendo nel quadrante delle attività l'opzione "importa audio o musica". A questo punto selezioniamo un brano nella nostra libreria e trasciniamo il file dal quadrante centrale sulla nostra sequenza temporale. Anche con WMM, come con IMovie, possiamo registrare una voce narrante, in questo caso cliccando il pulsantino con il microfono in basso a sinistra.

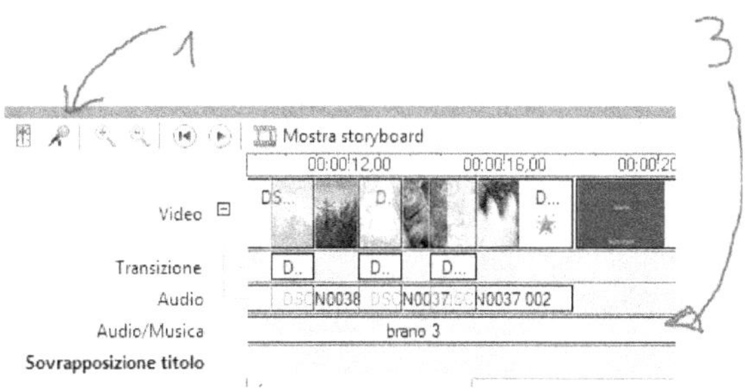

Export

Per esportare il filmato è sufficiente cliccare "completamento del filmato" al punto tre nella sezione "attività". Scegliendo di salvare il tuo filmato sul computer si apre un sottomenu in cui ti viene chiesto se desideri salvarlo in qualità ottimale oppure secondo una scelta personalizzata. Scegli l'opzione raccomandata ed esporta.

Creare un Dvd con il Pc

Apri il programma Nero (diffusissimo programma per Windows che consente di masterizzare Cd e Dvd), seleziona "crea, modifica, acquisisci video". Si aprirà un altro menu sotto la domanda "cosa vuoi fare?" A questo punto seleziona "crea dvd" e poi "dvd video", si aprirà un'altra schermata. Clicca "importa da file", seleziona il file, premi "avanti" e aspetta finché il dvd non sarà pronto. A questo punto, finalmente, potrai rivedere i tuoi video comodamente steso sul divano!

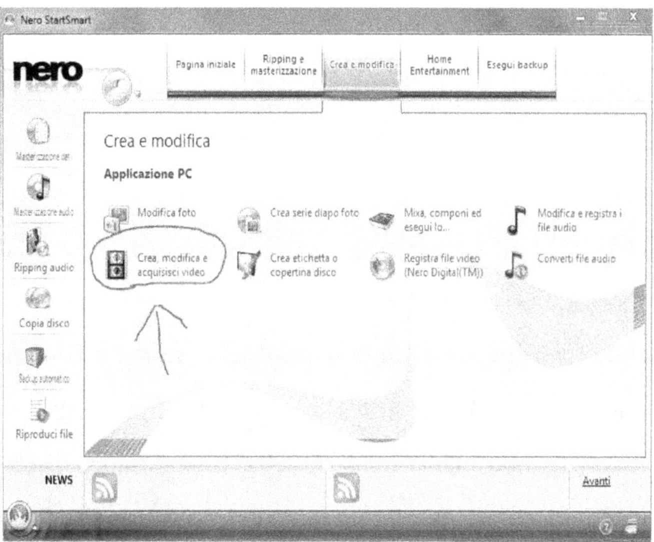

SEGRETO n. 15: per imparare a usare un programma di montaggio bisogna sbagliare, sperimentare e divertirsi a creare: più ci si mette in gioco e più lo spettatore sarà coinvolto.

RIEPILOGO DEL CAPITOLO 3:

- SEGRETO n. 11: il modo giusto per iniziare a montare è riscrivere il video da capo tenendo conto solo delle immagini acquisite.

- SEGRETO n. 12: grazie all'uso delle contrazioni e dilatazioni temporali è possibile giocare con il tempo e rendere un video di volta in volta più dinamico o più lento rispetto alla realtà.

- SEGRETO n. 13: impara a copiare. Analizza i video che ti colpiscono, comincia a capire che inquadrature e che tagli sono stati applicati per ottenere un'immagine che ti piace.

- SEGRETO n. 13: prefigurarsi come una ripresa verrà montata preverrà eventuali errori che renderebbero l'inquadratura inutilizzabile.

- SEGRETO n. 15: per imparare a usare un programma di montaggio bisogna sbagliare, sperimentare e divertirsi a creare: più ci si mette in gioco e più lo spettatore sarà coinvolto.

Conclusione

Siamo arrivati alla fine di questo piccolo viaggio insieme. Abbiamo cercato di trasmetterti la consapevolezza che il linguaggio delle immagini, al pari di quello verbale, è costituito da un universo di segni da conoscere e interpretare. Come le lingue del mondo sono tante, così i linguaggi audiovisivi sono molteplici: c'è il linguaggio cinematografico, quello televisivo, il reportage giornalistico, il documentario, il video pubblicitario, e molti altri ancora. Ora che conosci le tecniche di base potrai scegliere il campo in cui dare libero sfogo alla tua creatività, quello che si adatta di più alla tua personalità e al tipo di messaggio che vuoi comunicare.

Fornendoti questi strumenti, oltre ad aiutarti a essere anche come spettatore un po' più consapevole dei meccanismi delle immagini filmate, speriamo di averti motivato ad approcciarti ai tuoi video con rinnovata curiosità e voglia di provare, di sperimentare e di metterti in gioco. Adesso non ti resta che iniziare a creare il tuo video, e chissà che tu non scopra di avere un grande talento!